A Nuvem sobre o Santuário

Cartas Rosa-Cruzes

KARL VON ECKARTSHAUSEN

A NUVEM SOBRE O SANTUÁRIO
CARTAS ROSA-CRUZES

© Publicado em 2019 pela Editora Isis.

Revisão de textos: Rosemarie Giudilli
Diagramação e capa: Décio Lopes

Dados de Catalogação da Publicação

Eckartshausen, Karl Von

A Nuvem sobre o Santuário: Cartas Rosa-cruzes / Karl Von Eckartshausen.
| 1ª edição | São Paulo, SP | Editora Isis, 2019.

ISBN: 978-85-8189-118-7

1. Maçonaria 2. Rosacruz 3. Sociedades Secretas I. Título.

Proibida a reprodução total ou parcial desta obra, de qualquer forma ou por qualquer meio seja eletrônico ou mecânico, inclusive por meio de processos xerográficos, incluindo ainda o uso da internet sem a permissão expressa da Editora Isis, na pessoa de seu editor (Lei nº 9.610, de 19.02.1998).

Direitos exclusivos reservados para Editora Isis.

EDITORA ISIS LTDA
www.editoraisis.com.br
contato@editoraisis.com.br

Sumário

O Glúten e o Sensorial ou a Nuvem e o Santuário 7

Desenvolvimento das Forças Humanas 17

Primeira Carta 21

Segunda Carta 35

Terceira Carta 51

Quarta Carta 63

Quinta Carta 83

Sexta Carta 99

Prólogo

O Glúten e o Sensorial ou a Nuvem e o Santuário

A Nuvem sobre o Santuário (originalmente publicado em 1802) de Karl Von Eckartshausen foi um dos livros de espiritualidade mais difundidos e lidos de sua época.

Durante praticamente todo o século XIX, gozou de uma merecida popularidade nos ambientes ocultistas, particularmente franceses e ingleses, e seu interesse nos círculos herméticos do século XX, devemos, sobretudo, a algumas lojas rosacruzianas onde se recomenda sua leitura e a de Louis Cattiaux, que afirmava que A Nuvem era "como um resumo de *A Mensagem Reencontrada*".

Lendo juntos, ambos os livros, verificamos que estes dois autores não nos propõem unicamente um itinerário espiritual, mas que nos falam de um mesmo mistério: a regeneração integral do homem, em corpo, alma e espírito. Por esta razão, vamos utilizar exaustivamente a obra de Cattiaux neste prólogo.

A Nuvem sobre o Santuário está formada por seis cartas que o autor dirige a seus discípulos e companheiros de pesquisa, com o objetivo de partilhar com eles sua genial concepção da religião.

O homem, em seu estado atual, vive nas trevas, mas a boa notícia é que pode regressar à luz de onde foi expulso.

De fato, sua alma aspira secretamente a este regresso, a esta reunião, mas algo está opondo-lhe travas: o pecado, ou melhor dizendo, a matéria do pecado: a nuvem que recobre o Santuário.

Para Von Eckartshausen "a religião é a doutrina da transformação do homem separado de Deus no homem reunido com Deus". Sem dúvida, por isso mesmo Cattiaux "o retorno a Deus é como a separação dentre as trevas e como a reunião com a luz primordial" e a religião, "a envoltura do segredo de Deus".

Esse segredo é "uma realidade tangível" que devemos associar com "a pureza, a incorruptibilidade e a paz do jardim do Éden". Karl Von Eckartshausen dá início a estas cartas com uma das frases mais enigmáticas do Evangelho, ainda que também, uma das mais interessantes a partir do ponto de vista do esotérico: "Se teu olho fosse simples..."

E certamente, se "nosso olho", nossa "capacidade intelectiva" como o define Von Eckartshausen, fossem simples, talvez entendêssemos melhor do que nos fala Jesus nesta frase. Nosso autor insistiu em que seus leitores meditassem a respeito destas palavras antes de empreender a leitura de *A Nuvem do Santuário*. Suas razões teriam, pois, este livro só pode ser abordado e entendido a partir da simplicidade do coração. "Os mistérios, os hieróglifos e os infinitos emblemas não tem outro objetivo senão referir-se a uma única verdade – escreve Von Ekartshausen – aquele que a conhece encontrou a chave para conhecê-lo todo de uma vez".

Quando Luís Cattiaux escrevia que "a verdade se oculta sob o véu das fábulas e das parábolas (...) é preciso um olho muito destro para reconhecer o diamante sob a envoltura que os protege", referia-se, sem dúvida, a esta mesma verdade e ao olho interior, ao "olho simples".

O homem exterior tem dois olhos; simbolicamente isto o avoca a ver as coisas de uma maneira dual, que não lhe permite apreciar a unidade subjacente no todo.

O olho do homem interior, pelo contrário, é simples: é uno, a imagem do Sol. Este olho, iluminado pela luz divina, permite uma captação da unidade que subjaz em todos os seres e todas as coisas. Se o olho exterior nos deixa ver a superficialidade dos objetos e das coisas, o interior permite-nos descobrir sua anterioridade. Coincide, de certo modo, com o denominado "terceiro olho" que os hindus situam à altura da sobrancelha, sede da intuição, o Ajna Chakra.

Veremos adiante, neste texto, Von Eckartshausen denominará de *sensorium* este olho e nos dirá que é "o sentido intuitivo do mundo transcendental".

Como escrevia também Cattiaux: "a malícia do nosso olho de fora é o que nos mantém nas trevas exteriores e a pureza do nosso olho interior é o que nos faz aproximarmo-nos da luz de Deus".

O título da Nuvem sobre o Santuário, que melhor deveríamos ler como "a nuvem que oculta o lugar santo", faz alusão "à matéria grosseira que envolve este sensorium", "uma nuvem que cobre o olho interior e incapacita o olho exterior para a visão do mundo espiritual". "Com o desenvolvimento deste novo órgão, corre de repente a cortina, desgarra-se o véu, a nuvem ante o santuário dissipa-se".

O simbolismo da nuvem pode associar-se com o do calçado ou inclusive o dos mentais. Lembremo-nos de que os muçulmanos devem descalçar-se para entrar na mesquita e os maçons despojarem-se dos metais para penetrar no Templo. Recordemos também as palavras que Deus dirigiu a Moisés quando se aproximou da sarça ardente: "Chama-o, Deus do meio da sarça e diz-lhe: *Moisés! Moisés!* E ele respondeu: *Eis aqui.* E disse: *Não chegue, aqui, tire o sapato dos teus pés, porque o lugar em que estás, é terra santa".* Êxodo 3, 4-5.

Para entrar em contato com o sagrado (o texto hebraico fala de 'sagrado', não de 'santo', como se costuma traduzir) é, pois, necessário despojar-se de algo.

Outro exemplo típico é o de Jacó que, conforme a Cabala, entra em contato com a Shekinab (a Presença Divina) quando retira a pedra que tapa o poço de Bershevah.

Para Von Eckartshausen, todo mistério do homem regenerado encontra-se na abertura deste *sensorium* espiritual. Este "tem por substrato, uma substância incorruptível, transcendental e metafísica» e «é o princípio da nossa incorruptibilidade e imortalidade".

Na maioria dos mortais este olho interior permanece "nas trevas" até que receba o influxo da luz divina. Mas, o que permite ao homem receber esta experiência iluminadora? Karl Von Eckartshausen contesta-nos isto: "a simplicidade do coração".

De algum modo está sugerindo-nos que o olho e o coração são uma mesma coisa, e nos envia ao texto que precede às cartas, cuja leitura recomendava-nos encarecidamente.

Desenvolver o *sensorium* é para Von Eckartshausen, "a verdadeira edificação do Templo" que "consiste em destruir a miserável cabana e construir o templo da divindade".

Em outra de suas obras, nosso autor fala-nos de "um azeite de unção que renova o homem". Este azeite, que reside no mais profundo da matéria física, é chamado *"Electrum*, o órgão ou o elemento divino ou *vehiculum* do espírito de Deus, o vestido de ouro da filha do rei". Este "*Electrum Charmal* o corpo do Messias".

Nosso autor descreve-o como um "azeite verdadeiro, luminoso e incombustível: aquele que é ungido com ele depois de uma preparação suficiente, converte-se num verdadeiro rei e num sacerdote de Deus; o Espírito Santo atuará através dele e ensinar-lhe-á tudo". Mas "o homem decaído não pode, por si mesmo, nem reconhecer este meio nem se apropriar dele".

Este princípio vivifica o que está morto e desenvolve a luz que está enterrada em nós, dissolvendo o glúten do sangue. "Em nosso sangue, escreve Von Eckartshausen, há uma matéria viscosa oculta: "É a matéria do pecado, o glúten, o fermento transmitido de pais a filhos que impede a ação do espírito sobre a matéria".

O que se conhece no cristianismo como "o sangue de Cristo", é o remédio luminoso que permite ao homem dissolver o glúten e recuperar sua imortalidade.

Com sua discrição habitual, Louis Cattiaux indaga:

"*Quem nos dará o pão da terra e do céu?*

Quem nos dará o vinho da água e do fogo?

Quem nos dará o sangue de vivente de eternidade?"

E se sabemos entender, a resposta nos dá ele mesmo:

...só nos resta encontrar o maravilhoso Senhor que tendo descido do céu, disse;

...comei, esta é a minha carne, bebei, este é o meu sangue."

Ou também obter de um sacerdote de Deus a comunhão deste prodigioso Senhor que salva da morte. Ordem de Melquisedec".

Esta é também a mensagem que Karl Von Eckartshausen quis transmitir com a Nuvem sobre o Santuário.

A Nuvem sobre o Santuário
Algo que a filosofia orgulhosa não suspeita

Pelo conselheiro Eckartshausen.
Absque nube pro nobis.

O Senhor
não conquista pelas armas,
mas pelo poder e a força de seu espírito.

Para meditar antes da Leitura das Cartas.
(Extraído de um tratado de química de Eckartshausen).

"Se teu olho fosse simples,
resplandeceria todo teu corpo."

(Lucas. 11. 34).

O olho anterior do homem é a razão, *potentia hominis intellectiva*. Se a luz divina ilumina o olho interior, este se converte no verdadeiro Sol interior pelo qual conheceremos todos os objetos.

Enquanto a luz divina não ilumina este olho, nosso interior vive nas trevas. A aurora de nosso interior começa quando esta luz se levanta.

O Sol da alma ilumina nosso mundo intelectual, como o Sol exterior ilumina o mundo exterior.

Assim como, à saída do Sol exterior, os objetos do mundo sensível tornam-se pouco a pouco visíveis, assim também, à saída do Sol espiritual, os objetos intelectuais do mundo espiritual ou racional chegam ao nosso conhecimento.

Assim como a luz exterior ilumina o caminho de nossa peregrinação, a luz interior ilumina-nos a via da salvação.

Mas, assim como o olho exterior do homem está exposto a diferentes perigos, o mesmo ocorre com o olho interior.

O olho interior se há de conservar são, puro e inalterável; então, como o olho exterior, poderá elevar-se até o Céu. Do mesmo modo como o olho exterior pode considerar o firmamento, as estrelas e o Sol, o olho interior pode ver todo o Céu, os anjos e a Deus mesmo; tal como está escrito:

Selada está sobre nós a luz de teu rosto.

(Salmo IV, 7)

Farei passar todo meu bem diante de teu rosto.

(Êxodo 33 19)

Quão grande é o destino do homem interior!

Seu espírito pode elevar-se até os anjos e as inteligências supra angélicas, pode chegar até o trono da divindade e ver em si mesmo todas as magnificências do mundo divino, espiritual e físico. Afaste seu olho que não veja a vaidade.

Afaste teus olhos, que não vejam a vaidade.

Afaste tua alma, teu olho interior de tudo que não seja Deus, vede-o contra a noite dos erros e dos prejuízos e não o abra senão ao Sol espiritual.

Jesus Cristo é o Sol espiritual. Assim como o Sol exterior possui luz e calor e faz com que tudo se torne visível e frutifique, assim também o Sol interior faz com que tudo seja suscetível de conhecer-se e ativo no coração; pois sabedoria e o amor são suas forças e a razão e a vontade do homem, seus órgãos. Ele aperfeiçoa nossos poderes com a sabedoria e nossa vontade com o amor.

Desenvolvimento das Forças Humanas

Quantos mais órgãos tenha um corpo para a recepção, o desenvolvimento e a propagação de influências diversas, mais rica e perfeita é sua existência, pois tem maior potencial vital.

Mas, algumas forças para as quais carecemos de órgão, podem estar adormecidas em nós e não podem atuar.

Estas forças latentes podem ser despertadas, quer dizer que podemos organizar-nos a nós mesmos para que se tornem ativas em nós.

Um órgão é uma forma em que atua uma força e toda forma compõe-se dirigindo suas partes para a força atuante.

Organizar-se para a ação de uma força significa, simplesmente, dar às partes uma forma ou situação determinada para que a força possa atuar nelas. Nisto consiste a organização.

Agora, assim como a luz, na realidade, não existe para o homem que carece do órgão adequado, de olhos para a luz, muitos homens não podem gozar de coisas que outros, sim, podem. Quero dizer com isto, que um homem pode estar organizado de tal modo que pode sentir, ouvir, ver e degustar coisas que outro não pode sentir, ouvir e degustar porque lhe falta o órgão.

Neste caso, todas as explicações seriam infrutíferas, pois sempre se mesclariam as ideias recebidas por seu órgão particular com as ideias do outro. Só se pode provar e compreender algo, se este algo contata com nossas próprias sensações.

Dado que recebemos as ideias por meio dos sentidos e que todas as operações de nossa razão são abstrações de impressões sensíveis, existem muitas coisas das quais não podemos fazer uma ideia porque carecemos de sua sensação. Só podemos perceber aquilo para o que temos um órgão.

Parece, pois, ficar demonstrado que os homens organizados para o desenvolvimento das forças superiores, só podem dar uma ideia muito vaga da verdade superior aos que não estão organizados para isso.

Portanto, todas nossas discussões e nossos escritos pouco servem. Os homens, primeiro, hão de organizar-se para a percepção da verdade.

Ainda que escrevêssemos fólios inteiros sobre a luz, os cegos não veriam mais claro. Primeiro temos de dar-lhes o órgão da visão.

Agora a perguntas é: Em que consiste o órgão da percepção da verdade? O que torna o homem capaz de recebê-la?

Respondo: A *simplicidade de coração*; pois a simplicidade situa o coração numa posição adequada para receber, com pureza, o raio da razão, que organiza o coração para receber a luz.

Primeira Carta

Nenhum século é tão notável como o nosso para o observador sereno. Por todas as partes se agitam o espírito e o coração do homem. Por todas as partes combatem a luz e as trevas, as ideias mortas e as ideias vivas, a vontade morta e sem força com a força viva e ativa. Enfim, por todas as partes estão em guerra o homem animal e o homem espiritual nascendo.

Homem natural... renuncia a tuas últimas forças, teu mesmo combate anuncia a natureza superior que dorme em ti... pressente tua dignidade, inclusive a sete, mas tudo está obscuro ainda ao teu redor e a lâmpada da tua débil razão não basta para iluminar os objetos a que deverias estender.

Dizem que vivemos no século das luzes, seria mais justo dizer que vivemos no século do crepúsculo; aqui e ali, o raio luminoso penetra através da bruma das trevas, mas não ilumina com toda sua pureza nossa razão e nosso coração. Os homens não têm as mesmas opiniões, os sábios disputam entre si e ali, onde há disputa, todavia, não chegou à verdade.

Os propósitos mais importantes da humanidade ainda são indeterminados. Não se está de acordo nem sobre o princípio da razão, nem sobre o princípio da moralidade ou o móvel da vontade. Esta é a prova de que, apesar de estar em meio ao século das luzes, não sabemos ainda com certeza o que há em nossa cabeça e em nosso coração.

É possível que tudo isso poderíamos saber muito antes, se não nos imaginássemos que temos em nossas mãos a tocha do conhecimento ou se pudéssemos lançar um olhar sobre nossa debilidade e reconhecer que, todavia, nos falta uma luz mais elevada.

Vivemos nos tempos da idolatria da razão. Colocamos uma intensa tocha sobre o altar e gritamos que se trata da aurora e que o dia vai surgindo realmente por todas as partes; isto é o que estamos fazendo, quando dizemos que o mundo se eleva cada vez mais da escuridão e a luz e a perfeição por meio das artes, das ciências, por ter um gosto mais refinado ou, inclusive, por uma compreensão simples da religião.

Pobres homens! Quanto haveis afastados de vossa felicidade! Houve um século que tenha custado tantas vítimas à humanidade como o presente? Nunca houve um século em que a imoralidade fosse maior e o egoísmo tão dominante como no atual? Conhecemos a árvore por seus frutos.

Gente insensata! Como vossa razão natural imaginaria de onde tirastes a luz com que quereis iluminar os demais? Acaso não tirastes vossas ideias dos sentidos, que nos dão a conhecer a verdade senão tão só fenômenos?

Acaso não é relativo tudo quanto dá o conhecimento no tempo e no espaço? Acaso tudo o que podemos chamar de verdade não é senão verdade relativa? Não se pode achar a verdade absoluta na esfera dos fenômenos.

Assim pois, vossa razão natural não possui a "essencialidade", senão unicamente a aparência da verdade e da luz; mas, quanto mais cresce e se estende esta aparência, mais decresce a essência da luz no interior, o homem perde-se nas aparências e anda as apalpadelas para alcançar imagens deslumbrantes que carecem de realidade.

A filosofia do nosso tempo eleva a débil razão natural à posição de objetividade independente, inclusive lhe atribui um poder legislativo, pressupõe uma autoridade superior a ela, torna-a autônoma e a converte numa divindade real, suprimindo toda relação e comunicação entre Deus e a razão. E esta razão deificada que não tem outra lei senão a sua própria, deve governar os homens e fazê-los felizes! As trevas hão de difundir a luz! A pobreza deve dar a riqueza! E a morte, a vida!

A verdade conduz os homens à felicidade.
Podeis dá-la?

O que chamais verdade é uma forma de concepção vazia de substância, cujo conhecimento foi adquirido pelo exterior, pelos sentidos e o que o entendimento coordena por uma síntese de opiniões ou toma ciência das relações observadas. Não possuís nenhuma verdade material, o princípio espiritual e material é para vós um número.

Abstraístes da Escritura e da tradição a verdade moral, teórica e prática, mas como a individualidade é o princípio de vossa razão e o egoísmo, o motivo de vossa vontade, não vedes vossa luz, a lei moral que governa, ou a rechaçais com vossa vontade.

Até aqui nos levaram as atuais luzes. A individualidade, sob o manto da hipocrisia filosófica, é filha da corrupção.

Quem pode pretender que o sol brilhe ao meio-dia, se nenhum raio luminoso alegra a comarca e se nenhum calor vivifique as plantas? Se a sabedoria não melhora os homens e se o amor não os torna mais felizes, muito pouca coisa se terá feito.

Se o homem natural ou o dos sentidos, visse que o princípio da sua razão e o móvel da sua vontade não são mais do que a individualidade e que por isso é muito miserável, buscaria um princípio mais elevado em seu interior e se acercaria do único manancial que lhe pode dar, posto que se trata da sabedoria dentro da essência.

Jesus Cristo é a sabedoria, a verdade e o amor. Enquanto sabedoria, é o princípio da razão, a fonte do conhecimento mais puro. Enquanto amor, é o princípio da moralidade, o móvel essencial e puro da vontade.

O amor e a sabedoria engendram o espírito da verdade, a luz interior; esta luz ilumina-nos os objetos sobrenaturais e os faz objetivos.

É inconcebível até que ponto o homem cai no erro quando abandona as verdades simples da fé e antepõe sua própria opinião.

Nossa época quer definir com o cérebro o princípio da razão e da moralidade ou do movimento da vontade; se os senhores sábios estivessem atentos, veriam que estas coisas encontram melhor resposta no coração o homem mais simples, do que em todos os seus brilhantes raciocínios.

O cristianismo prático encontra o móvel da vontade, o princípio de toda a moralidade, objetiva e realmente, em seu coração; este móvel se expressa da seguinte maneira:

Ama a Deus acima de tudo e ao próximo como a ti mesmo.

O amor de Deus e do próximo é o móvel da vontade do cristianismo e a essência mesma do amor é Jesus Cristo em nós.

Assim pois, o princípio da razão é a sabedoria em nós e a essência da sabedoria, a sabedoria na substância: Jesus Cristo, a luz do mundo. Nele encontramos o princípio da razão e da moralidade.

Tudo o que aqui digo não é uma extravagância hiperfísica. É a realidade, a verdade absoluta, que cada qual pode comprovar experimentalmente, enquanto receba em si mesmo o princípio da razão e da moralidade: Jesus Cristo por ser a sabedoria e o amor essenciais.

Mas o olho do homem dos sentidos não está apto para alcançar o fundamento absoluto de tudo o que é verdadeiro e transcendental. Inclusive a razão, que agora queremos elevar ao trono legislador, só é a razão dos sentidos, cuja luz difere da luz transcendental, como a fosforescência da árvore podre difere do esplendor do Sol.

A verdade absoluta não existe para o homem dos sentidos, só existe para o homem interior e espiritual, que possui um *sensorium* apropriado, ou dizendo mais claramente, possui um sentido interior para perceber a verdade absoluta do mundo transcendental, um sentido espiritual que percebe os objetos espirituais tão natural e objetivamente como o sentido exterior percebe os objetos exteriores.

Este sentido interior do homem espiritual, este *sensorium* do mundo metafísico, por desgraça, ainda não o conhecem aqueles que, estão fora dele, trata-se de um mistério do reino de Deus.

A atual incredulidade por tudo o que nossa razão dos sentidos não encontra objetivamente a sensibilidade, é a causa do desconhecimento das verdades mais importantes para o homem.

Mas como poderia ser de outro modo? Para ver, há que ter olhos; para ouvir, ouvidos. Todo objeto sensível requer seu sentido. Assim, o objeto transcendental requer também seu *sensorium* e este *sensorium* é fechado para a maioria dos homens. Deste modo, o homem dos sentidos julga o mundo metafísico como o cego julga as cores e o surdo, o som.

Há um princípio objetivo e substancial da razão e um móvel objetivo e substancial da vontade. Ambos juntos formam o novo princípio da vida, que contém, inerente, uma moralidade. Esta substância pura da razão com a vontade reunidas em nós, é o divino e humano Jesus Cristo, a luz do mundo, que só pode ser realmente conhecido, se entrar em relação direta conosco.

Este conhecimento real é a fé viva, onde tudo se passa em espírito e em verdade.

Portanto, para esta comunicação, necessariamente há de existir um *sensorium* organizado e espiritual, um órgão espiritual e interior suscetível de receber esta luz; mas encontra-se encerrado na maioria dos homens por causa da estreiteza dos sentidos.

Este órgão interno é o sentido intuitivo do mundo transcendental e antes que este sentido da intuição esteja aberto em nós, não podemos ter nenhuma certeza objetiva da verdade mais elevada. Este órgão foi encerrado devido à queda que arrojou o homem ao mundo dos sentidos.

A matéria grosseira que envolve este *sensorium* é uma nódoa que cobre o olho interior e incapacita o olho exterior para a visão do mundo espiritual.

Esta mesma matéria ensurdece nosso ouvido interior, de modo que já não ouvimos os sons do mundo metafísico e paralisa nossa língua interior de modo que tampouco podemos nem balbuciar as palavras de força do espírito que pronunciávamos noutro tempo e pelas que dominávamos a natureza exterior e os elementos.

A abertura deste *sensorium* espiritual é o mistério do homem novo, o mistério da regeneração e da união mais íntima do homem com Deus; é este o fim mais elevado da religião aqui em baixo, desta religião cujo fim mais sublime é unir os homens com Deus, em espírito e em verdade.

Pelo que se disse, podemos dar-nos conta facilmente, porque a religião tende sempre à submissão do homem dos sentidos. Atua assim, porque quer que predomine o homem espiritual; de modo que o homem espiritual ou verdadeiramente racional, governe o homem dos sentidos.

O filósofo sente também esta verdade, seu erro só consiste em não reconhecer o verdadeiro princípio da razão e querer substituí-lo por sua individualidade, sua razão dos sentidos.

Assim como o homem tem no seu interior um órgão espiritual e um *sensorium* para receber o princípio real da razão ou sabedoria divina e o móvel real da vontade ou amor divino, possui ao exterior um *sensorium* físico e material para receber a aparência da luz e da verdade.

Assim como a natureza exterior não tem a verdade absoluta, mas só a verdade relativa do mundo dos fenômenos, a razão humana tampouco pode adquirir verdades inteligíveis, mas só a aparência do fenômeno, a qual pelo móvel da sua vontade nela excita a concupiscência, que constitui a corrupção do homem sensorial e a degradação da natureza.

O *sensorium* externo do homem é composto por matéria corruptível, enquanto que o *sensorium* interior tem por substrato fundamental uma substância incorruptível, transcendental e metafísica.

O primeiro causa nossa depravação e mortalidade, o segundo é o princípio da nossa incorruptibilidade e imortalidade.

Nos domínios da nossa natureza material e incorruptível, a mortalidade esconde a imortalidade; assim, a matéria corruptível e perecedora é a causa do nosso estado miserável.

Para que o homem seja liberado dessa aflição, é necessário que o princípio imortal e incorruptível que está no seu interior se exteriorize e absorva o princípio corruptível, a fim de que a envoltura dos sentidos seja destruída e que o homem possa aparecer em sua pureza original.

Esta envoltura da natureza sensível é uma substância essencialmente corruptível que se encontra em nosso sangue, forma os laços da carne e escraviza nosso espírito imortal sob esta carne mortal.

Esta envoltura pode romper-se mais ou menos em cada homem, o que dá ao espírito uma maior liberdade para que alcance um conhecimento mais preciso do mundo transcendental.

Existem três graus sucessivos na abertura do nosso *sensorium* espiritual.

1. O primeiro só nos eleva até o plano moral e ao mundo transcendental e opera em nós através de impulsos interiores chamados inspirações.

2. O segundo grau, que é mais elevado, abre nosso *sensorium* para receber o espiritual e o intelectual; neste grau, o mundo metafísico atua em nós através de iluminações interiores.

3. O terceiro e mais alto grau, e o menos comum, abre totalmente ao homem interior. Revela-nos o reino do espírito e nos faz suscetíveis de experimentar, objetivamente, as realidades metafísicas e transcendentais; isso explica o fundamento de todas as visões.

Assim, pois, temos o sentido e a objetividade tanto no interior como no exterior.

O que ocorre é que os objetos e os sentidos são diferentes. No exterior, o móvel animal e sensorial atua em nós e a matéria corruptível dos sentidos sofre sua ação. No interior, a substância indivisível e metafísica penetra em nós e o ser incorruptível e imortal do nosso espírito recebe suas influências. Mas, no geral, as coisas passam com tanta naturalidade no interior como no exterior; a lei é a mesma em todas as partes.

Assim, pois, como o espírito ou nosso homem interior, tem um sentido e uma objetividade distintos aos do homem natural, não é estranho que continue sendo um enigma para os sábios de nosso século, pois não conhecem este sentido e nunca tiveram a percepção objetiva do mundo transcendental e espiritual. Por isso, avaliam o espiritual em nível dos sentidos, confundem a matéria corruptível com a substância incorruptível e seus juízos são necessariamente falsos ao omiti-los sobre um objeto para cujas percepção carecem de sentidos e de objetividade, pelo que, tampouco tem a verdade relativa e nem a absoluta.

Quanto às verdades que aqui enunciamos, nós as devemos infinitamente à filosofia de Kant.

Kant provou, incontestavelmente, que a razão, em seu estado natural, não sabe absolutamente nada do sobrenatural, do espiritual e do transcendental, que nada pode conhecer nem analítica nem sinteticamente e que assim, não pode provar a possibilidade nem a realidade dos espíritos, das almas e de Deus.

Esta é uma grande verdade, elevada e benéfica para nossos tempos, que São Paulo já estabeleceu na *1a. Epístola aos Corintos* (1,2 – 24), mas que a filosofia pagã dos sábios cristãos ignorou até Kant.

O benefício desta verdade é duplo. Primeiro põe limites intransponíveis ao sentimento, ao fanatismo e à extravagância da razão carnal. Em segundo lugar, manifesta claramente a necessidade e a divindade da revelação. O que prova que nossa razão humana, em seu estado obtuso, sem a revelação, não dispõe de nenhuma fonte objetiva para o sobrenatural, de nenhuma fonte para instruir-se sobre Deus, o mundo espiritual e a alma e sua imortalidade; com que, sem a revelação, é impossível saber nem conjeturar nada sobre estas coisas.

Assim pois, estamos em dúvida com Kant por haver provado em nossos dias aos filósofos, como já era, desde muito tempo, na escola mais elevada da comunidade da luz, que sem a revelação não são possíveis nenhum conhecimento de Deus, nem nenhuma doutrina sobre a alma.

Pelo que, resulta patente que uma revelação universal deve servir de base fundamental para todas as religiões do mundo.

Assim, conforme Kant, fica provado que o mundo inteligível é totalmente inacessível à razão natural e que Deus habita numa luz em que não pode penetrar nenhuma especulação da razão limitada.

Portanto, o homem dos sentidos ou natural não possui nenhuma objetividade do transcendental; por isso que lhe seria necessário a revelação de verdades mais elevadas, portanto, a fé na revelação; porque a fé proporciona-lhe os meios para abrir seu *sensorium* interior, através de que, podem tornar-se perceptíveis as verdades inacessíveis ao homem natural.

É totalmente certo que com novos sentidos poderíamos alcançar realidades novas. Estas realidades já existem, mas nos passam inadvertidas ao faltar-nos o órgão da receptividade.

A cor está aí, ainda que o cego não a veja; o som existe, ainda que o surdo não o ouça. A falha não está no objeto perceptível, mas no órgão receptor.

Com o desenvolvimento de um novo órgão, obtemos uma nova percepção, novas objetividades. O mundo espiritual não existe para nós, porque não temos desenvolvido o órgão que o faz objetivo.

Com o desenvolvimento deste novo órgão, a cortina ergue-se de repente; o véu, até então impenetrável, desgarra-se; a nuvem ante o santuário dissipa-se; de pronto, um novo mundo abre-se para nós, cai a mancha que nos cegava e no ato, somos transportados da região dos fenômenos à região da verdade.

Só Deus em substância, verdade absoluta, só Ele é o que é e nós, o que Ele nos fez.

Para Ele, tudo existe na unidade; para nós tudo existe em multiplicidade.

Muitos homens não tem a menor ideia acerca da abertura deste *sensorium* interior, como tampouco a tem do objeto verdadeiro e interior da vida do espírito, a que nem conhecem, nem pressentem.

Daí que lhes seja impossível saber que se pode apreender o espiritual e o transcendental e que podemos ser elevados até a visão do sobrenatural.

A verdadeira edificação do templo consiste em destruir a miserável cabana adâmica e construir o templo da divindade, ou seja, em outros termos, em desenvolver em nós o *sensorium* interior ou órgão que recebe a Deus; com seu desenvolvimento, o princípio metafísico e incorruptível reina sobre o princípio terrestre e o homem deixa de viver em conformidade com o princípio do amor próprio, fazendo-o segundo o espírito do amor próprio, fazendo-o de acordo com o espírito e a verdade de que é seu templo.

Então, a lei converte-se em amor ao próximo e num fato; enquanto que para o homem natural, exterior e dos sentidos só é uma simples forma de pensamento.

O homem espiritual, regenerado em espírito, o vê todo no ser de que o homem natural só possui as formas vazias do pensamento, o som vazio, os símbolos e a letra, que não são mais do que imagens mortas sem espírito interior.

O fim mais elevado da religião é a íntima união do homem com Deus e esta união é possível inclusive aqui em baixo, mas só não é pela abertura de nosso *sensorium* interior e espiritual que dispõe nosso coração para receber a Deus.

Trata-se de grandes mistérios que nossa filosofia nem sequer suspeita e cuja chave não pode encontrar-se entre os sábios de escola.

Entretanto, sempre existiu uma escola mais elevada a quem se confiou o depósito de toda a ciência.

Esta escola é a comunidade interior e luminosa do Senhor, a sociedade dos eleitos, que se propagou sem interrupção desde o primeiro dia da criação até o presente; seus membros, certamente, estão dispersos em todo mundo, mas sempre estiveram unidos por um espírito e uma verdade e sempre dispuseram de um conhecimento, uma fonte de verdade, um senhor, um doutor e um mestre em quem reside substancialmente a plenitude universal de Deus e os inicia nos altos mistérios da natureza e do mundo espiritual.

Esta comunidade da luz foi chamada, em todos os tempos, a igreja invisível e interior ou a comunidade mais antiga que abordaremos a seguir.

Segunda Carta

É necessário, meus muito queridos irmãos no Senhor, que lhes dê uma ideia clara da igreja interior, *desta comunidade luminosa de Deus* que se acha dispersa por todo o mundo, mas que é governada por uma verdade e unida por um espírito.

Esta comunidade da luz existe desde o primeiro dia da criação do mundo e durará até o último dia dos tempos.

É a sociedade dos eleitos, que reconhecem a luz entre as trevas e a separam pelo que tem de próprio.

Esta comunidade da luz possui uma escola em que o mesmo espírito de sabedoria instrui os que tem seda de luz e todos os mistérios de Deus e da natureza conservam-se nesta escola para os filhos da luz.

O conhecimento perfeito de Deus, da natureza e da humanidade, são o objeto de ensino nesta escola.

Dela provêm todas as verdades do mundo; é a escola dos profetas e dos que buscam a sabedoria; só nesta comunidade se encontram a verdade e a explicação de todos os mistérios. É a comunidade mais interior e possui membros de diversos mundos; eis aqui a ideia que dela se há de ter.

Em todo tempo, o exterior sempre teve base um interior, de que só o exterior é sua expressão e seu plano. Sempre houve uma assembleia interior: a sociedade dos eleitos, a sociedade daqueles que tinham mais capacidade para a luz e que a buscavam. E esta sociedade interior foi chamada igreja santuário interior ou igreja interior.

Tudo o que a igreja exterior possui em fórmula de símbolos, cerimônias e ritos, é a letra cujo espírito e verdade estão na igreja interior.

Assim pois, a igreja interior é uma sociedade cujos membros estão dispersos por todo o mundo, mas reunidos no interior por um espírito de amor e de verdade que em todos os tempos se ocupou em construir o grande templo da regeneração da humanidade, pela qual o reino de Deus será manifestado.

Esta sociedade reside na comunhão dos que tem mais capacidade para a luz, ou dos eleitos. Estes eleitos são unidos pelo espírito e a verdade e sua cabeça é a luz mesma do mundo, Jesus Cristo, o ungido da luz, o mediador único da espécie humana, o caminho, a verdade e a vida, a luz primitiva, a sabedoria, o único *médium* pelo qual os homens podem voltar a Deus.

A igreja interior nasceu imediatamente depois da queda do homem e em seguida recebeu de Deus a revelação dos meios pelos quais a espécie humana decaída será elevada de novo a sua dignidade e liberada de sua miséria; recebeu o depósito primitivo de todas as revelações e mistérios e a chave da verdadeira ciência, tanto divina como natural.

Quando se multiplicaram os homens, a fragilidade do homem e sua debilidade tornaram necessária uma sociedade exterior que mantivesse oculta a sociedade interior e que cobrisse o espírito e a verdade com a palavra; pois, como a coletividade, a massa, o povo, não eram capazes de compreender os grandes mistérios interiores e como haveria sido muito perigoso confiar o mais santo aos incapazes, envolveram-se as verdades interiores com as cerimônias exteriores e sensíveis, para que o homem, através do sensível e exterior que é símbolo do interior, se tornasse capaz, pouco a pouco, de acercar-se cada vez mais das verdades interiores do espírito.

Mas o interior sempre esteve confiado àquele que, no seu tempo, teve mais capacidade para receber a luz e só este foi possuidor do depósito primitivo, como o sumo sacerdote no santuário.

Quando se tornou necessário que as verdades interiores fossem envoltas em cerimônias exteriores e simbólicas, por causa da debilidade dos homens, que não eram capazes de suportar a visão da luz, nasceu o culto exterior; mas se trata sempre da representação e o símbolo do interior, ou seja, o símbolo da verdadeira homenagem prestada a Deus em espírito e em verdade.

A diferença entre o homem espiritual e o homem animal, ou entre o homem racional e o homem dos sentidos, tornou necessário o exterior e o interior.

As verdades internas e espirituais passaram ao exterior, envoltas em símbolos e cerimônias, para que o homem animal ou dos sentidos se fixasse e pudesse ser conduzido pouco a pouco às verdades interiores.

Daí que o culto exterior seja uma representação simbólica das verdades interiores, das verdadeiras relações do homem com Deus, antes e depois da queda, em seu estado de dignidade, de reconciliação e da reconciliação mais perfeita. Todos os símbolos do culto exterior estão baseados nestas três relações fundamentais.

O cuidado do culto exterior era o ofício dos sacerdotes e nos primeiros tempos, cada pai de família encarregava-se de tal ocupação. As primícias dos frutos e os primogênitos dos animais eram oferecidos a Deus; os primeiros, como símbolo de que tudo o que nos alimenta e conserva, vem Dele e os segundos como símbolo de que o homem animal deve morrer para dar lugar ao homem espiritual e racional.

A adoração exterior de Deus não devia separar-se nunca da adoração interior, mas como a fraqueza do homem leva-o facilmente a esquecer-se do espírito e ficar com a palavra, o espírito de Deus sempre despertou, em todas as nações, os mais aptos para a luz e serviu-se deles como agentes seus, para fazer brilhar por todas as partes a verdade e a luz, conforme a capacidade dos homens, a fim de vivificar a palavra morta com o espírito e a verdade.

Estes instrumentos divinos levavam as verdades interiores do santuário até as mais apartadas nações e modificavam-nas simbolicamente de acordo com os usos do lugar, sua cultura, seu clima e sua receptividade.

Deste modo, as formas exteriores de todas as religiões, seus cultos, suas cerimônias e seus livros santos, tem por objeto, mais ou menos claramente, as verdades interiores do santuário, que conduzirão a humanidade, nos últimos tempos, à universalidade do conhecimento de uma única verdade.

Quanto mais unido estiver o culto exterior de um povo com o espírito das verdades interiores, mais pura será sua religião, mas quanto mais se separe a palavra simbólica do espírito interior, mais imperfeita se tornará a religião, chegando em alguns a degenerar em politeísmo, ao perder totalmente a palavra exterior, seu espírito interior e não restar mais do que um cerimonial externo sem alma e sem vida.

Quando os agentes de Deus trouxeram os germes das verdades mais importantes a todos os povos, Deus escolheu um deles para erigir um símbolo vivente, que mostrasse o meio pelo qual queria governar toda espécie humana em seu estado atual e a conduziria à sua mais alta purificação e perfeição.

Deus mesmo deu a esse povo sua legislação religiosa exterior e como sinal de sua verdade, entregou-lhe todos os símbolos e todas as cerimônias, que traziam o selo das verdades interiores e grandiosas do santuário.

Deus consagrou esta igreja exterior em Abraão, deu-lhe os mandamentos por meio de Moisés e assegurou-lhe sua mais alta perfeição pelo duplo envio de Jesus Cristo, primeiro com sua existência pessoal na pobreza e o sofrimento e depois, com a comunicação do seu espírito pela glória do ressuscitado.

Como Deus mesmo dispôs os fundamentos da igreja exterior, a totalidade dos símbolos do culto exterior configurou a ciência do templo ou dos sacerdotes daqueles tempos e todos os mistérios das verdades mais santas e interiores tornaram-se exteriores pela revelação.

O conhecimento científico deste simbolismo santo era a ciência que religava o homem decaído com Deus, donde provém o nome de religião por ser a doutrina que torna a ligar o homem, separado e afastado de Deus, com Deus que é a sua origem.

Com esta ideia pura da palavra religião, podemos ver que a unidade da religião está no santuário mais interior e que a multiplicidade de religiões exteriores não pode nunca mudar nem debilitar esta unidade que é a base de todo o exterior.

Os sacerdotes e os profetas regiam a sabedoria do templo da antiga aliança.

O exterior, a palavra do símbolo, do hieróglifo estava confiada aos sacerdotes.

Os profetas cuidavam do interior, do espírito da verdade e sua ocupação sempre foi a de reconduzir os sacerdotes da palavra ao espírito, quando esqueciam o espírito e só se mantinham na palavra.

A ciência dos sacerdotes era a ciência do conhecimento dos símbolos exteriores.

A ciência dos profetas era a ciência e a posse prática do espírito e a verdade desses símbolos. No exterior estava a letra, no interior, o espírito vivificante.

Assim pois, na antiga aliança existia uma escola de sacerdotes e outra de profetas.

Aquela se ocupava dos emblemas e esta das verdades compreendidas nos emblemas. Os sacerdotes possuíam exteriormente, a arca, os pães de proposição, o candelabro, o maná e a vara de Aarão e os profetas, as verdades interiores e espirituais, representadas no exterior pelos símbolos que se acabam de mencionar.

A igreja exterior da antiga aliança era visível; a igreja interior era sempre invisível, tinha que ser, apesar de governar tudo, porque a força e o poder estavam confiados só a ela. O culto exterior caía quando abandonava o interior, e Deus fez saber, claramente, que a palavra não pode subsistir sem o espírito, do qual só é seu veículo, e que é inútil, e inclusive rechaçado por Deus, se abandona seu destino.

Assim como o espírito da natureza se esparze pelas profundidades mais estéreis para vivificar, conservar e fazer crescer tudo o que lhe é suscetível; o espírito da luz se esparze no interior, por todas as nações, para animar em toda parte, a palavra morta com o espírito vivo.

Assim é como encontramos Jó entre os idólatras; Melquisedec, entre as nações estrangeiras; José, entre os sacerdotes egípcios e Moisés, no país de Madian, como prova eloquente de que a comunidade interior daqueles que são capazes de receber a luz era unida por um espírito e uma verdade em todos os tempos e em todas as nações.

A todos esses agentes de luz da comunidade interior e única uniu-se, em meio ao tempo, como Rei-sacerdote conforme a Ordem de Melquisedec, o mais importante de todos eles: o próprio Jesus Cristo.

Os agentes divinos da antiga aliança não representaram mais do que perfeições particulares de Deus, no envolvimento ou no meio dos tempos, uma ação poderosa devia produzir-se, para mostrar de uma vez, tudo em um.

Apareceu um personagem universal que deu às linhas do quadro do momento a unidade plena, abriu uma nova porta e destruiu a multiplicidade de escravidões humanas.

A lei do amor começou quando a imagem emanada da sabedoria mesma mostrou ao homem toda a grandeza de seu ser, vivificou-o de novo com toda a força, assegurou-o de sua imortalidade e elevou ser intelectual para que fosse o verdadeiro templo do espírito.

Este agente, o maior dentre todos, o salvador do mundo e regenerador universal, fixou toda sua atenção sobre esta verdade primitiva, pela qual o homem pôde conservar sua existência e recuperar a dignidade que possuía.

Em sua descida, assentou as bases para a redenção dos homens e prometeu realizá-la completamente algum dia, por meio do seu espírito.

Também mostrou a um grupo reduzido dos seus apóstolos, tudo o que um dia, sucederia a seus eleitos.

A cadeia da comunidade interior da luz continuou entre seus eleitos, aos que enviou o espírito da verdade e confiou-lhes o depósito primitivo e mais elevado de todas as verdades divinas e naturais como sinal de que não abandonariam jamais sua comunidade interior.

Quando a palavra e o culto simbólico da igreja exterior da antiga aliança se realizaram pela encarnação do Salvador e foram verificadas em sua pessoa, fizeram-se necessários novos símbolos para o exterior que nos mostraram, na palavra, a realização futura ou integral da redenção.

Os símbolos e os ritos da igreja exterior cristã foram dispostos de acordo com estas verdades fundamentais e invariáveis e anunciaram coisas de uma força e importância tais que não podem descrever-se e que só foram reveladas aos que conheciam o santuário mais interior.

Este santuário interior permaneceu sempre invariável, ainda que o exterior da religião, a palavra, recebesse modificações com o tempo e as circunstâncias e se afastasse das verdades interiores, as únicas que podem conservar o exterior ou a palavra.

O desejo profano de querer secularizar tudo o que é cristão e de cristianizar tudo o que é política, mudou o edifício exterior e cobriu de trevas e morte o que estava no interior: a luz e a vida. Daqui nasceram as divisões e as heresias; o espírito sofístico queria explicar a palavra quando já havia perdido o espírito da verdade.

A incredulidade levou a corrupção ao mais alto grau, inclusive, tentou-se atacar o edifício do cristianismo em suas bases fundamentais, confundindo o interior santo com o exterior, sujeito este às debilidades e ignorância dos homens frágeis.

Assim nasceu o deísmo e este engendrou o materialismo que considerava imaginária toda união do homem com as forças superiores e finalmente, em parte devido ao entendimento e em parte ao coração, nasceu o ateísmo, a última escala da degradação humana.

Em meio a isso tudo, a verdade permanece sempre inquebrantável no interior do santuário.

Fiéis ao espírito de verdade que prometeu não abandonar nunca sua comunidade, os membros da igreja interior viveram em silêncio, mas ativos e uniram a ciência do templo da antiga aliança com o espírito do grande salvador dos homens, o espírito da aliança interior; esperando humildemente o grande momento em que o senhor os chamará e reunirá sua comunidade para dar a toda palavra morta a força exterior da vida.

Esta comunidade interior da luz é a reunião de todos aqueles que são capazes de receber a luz dos eleitos e se conhece com o nome de comunhão dos santos.

O depósito primitivo de todas as forças e de todas as verdades foi confiado, em todo tempo, a esta comunidade da luz; só ela, como disse São Paulo, está em posse da ciência dos santos.

Os agentes de Deus foram formados por ela em cada época, passaram do interior ao exterior e já dissemos, comunicaram o espírito e a vida à palavra morta.

Esta comunidade da luz sempre foi a verdadeira escola do espírito de Deus. Considerada como uma escola, tem sua cátedra e seu doutor, possui um Livro em que estudam seus discípulos, assim como formas e objetos de estudo e finalmente, o fazem seguindo um método.

Também está dividida em graus, segundo os quais o espírito pode desenvolver-se sucessivamente e elevar-se cada vez mais:

1. O primeiro grau: o mais baixo, consiste em no bem moral, pelo que a vontade simples subordinada a Deus, é conduzida ao bem pelo móvel puro da vontade, quer dizer, Jesus Cristo, a qual recebe graças a fé. Os meios de que se serve o espírito desta escola chamam-se inspirações.

2. O segundo grau: consiste no consentimento intelectual, por onde o entendimento do homem de bem, que está unido com Deus, é coroado com a sabedoria e a luz do conhecimento; os meios de que se serve o espírito neste grau chamam-se iluminações interiores.

3. Finalmente o terceiro grau: o mais elevado, é a total abertura do nosso sensorium interno, pelo que o homem interior chega à visão objetiva das verdades metafísicas e reais. Este é o grau mais elevado, em que a fé se converte em visões claras; as visões reais são o meio de que se serve o espírito para isso.

Eis aqui os três graus da verdadeira escola da sabedoria interior; da comunidade interior da luz.

O mesmo espírito que prepara os homens para esta comunidade, também distribui seus graus com a colaboração do sujeito que já foi preparado.

Esta escola da sabedoria sempre foi a mais secreta e oculta do mundo, pois é invisível e está submetida unicamente ao governo divino. Jamais se expôs aos acidentes dos tempos, nem às debilidades dos homens, porque sempre foram eleitos pelos mais capazes e o espírito que os escolhia não podia equivocar-se.

Através desta escola se desenvolveram os germes de todas as ciências sublimes; acolhidos no primeiro momento pelas escolas exteriores, foram nelas revestidos de outras formas e inclusive, deformadas.

Esta sociedade interior de sábios, conforme o tempo e as circunstâncias, levou às sociedades exteriores, seu hieróglifo simbólico para chamar a atenção do homem exterior sobre as grandes verdades do interior.

Mas todas sociedades exteriores só subsistem quando esta sociedade interior lhes comunica seu espírito.

Quando as sociedades exteriores quiseram tornar-se independentes da sociedade interior e transformar o templo da sabedoria num edifício político, a sociedade interior retirou-se e só ficou a palavra sem o espírito.

Assim, todas as escolas exteriores secretas da sabedoria não eram mais do que véus hieroglíficos, deixando sempre a verdade no santuário para que jamais pudesse ser profanada.

Nesta sociedade interior, o homem encontra a sabedoria e com ela, tudo; não a sabedoria do mundo, que só é um conhecimento científico que gira em torno da cobertura exterior, sem tocar jamais o centro, onde residem todas as forças, mas a verdadeira sabedoria e os homens que lhe obedecem.

Todas as disputas, as controvérsias, a falsa prudência do mundo, os idiomas estranhos, as vãs dissertações, os germes inúteis de opiniões que esparzem a semente da desunião, todos os erros, e os sistemas estão desterrados dela.

Aqui não há calúnia nem maledicência, pelo contrário, honram-se todos os homens.

Aqui se desconhecem a sátira e o espírito que gosta de aproveitar-se da inferioridade do próximo, só se conhece o amor.

A calúnia, esse monstro, jamais levanta sua cabeça de serpente entre os amigos da sabedoria; aqui só se conhece o respeito mútuo, não se observam as faltas alheias nem se lhes fazem amargas repreensões pelos seus defeitos.

Caritativamente, conduz-se o viajante pelo caminho da verdade, busca-se persuadir e comover; deixando o castigo do pecado em mãos da clarividência do mestre da luz.

Alivia-se a necessidade, protege-se a debilidade, regozija-se pela elevação e dignidade que o homem adquire.

A felicidade, que é um dom do acaso, não põe ninguém acima dos demais; só se considera mais ditoso aquele a quem se apresenta ocasião de fazer o bem ao próximo; todos estes homens, aos quais une um espírito de amor e de verdade, formam a igreja invisível, a sociedade do reino interior sob um único chefe que é Deus.

Não devemos tomar por esta comunidade nenhuma sociedade secreta que se reúne em determinados momentos, que escolhe seus chefes e seus membros e se propõe a determinados fins.

Todas as sociedades, sejam quais forem, aparecem depois da comunidade interior da sabedoria, esta carece das formalidades que são obras dos homens.

No reino das forças, todas as formas exteriores desaparecem.

Deus mesmo é seu chefe sempre presente. O melhor homem de qualquer época, o cabeça principal, não conhece a todos os seus membros, mas no momento em que o propósito de Deus se torna necessário de que chegue a conhece-los, certamente, encontra-os no mundo para atuar com esse fim.

Esta comunidade não tem véus exteriores. O que é eleito para atuar ante Deus é o primeiro; apresenta-se aos demais sem presunção e é recebido sem inveja.

Se for necessário que se reúnam verdadeiros membros, estes se encontram e se reconhecem. Não pode haver nenhum disfarce, nenhuma larva de hipocrisia, nenhuma dissimulação oculta os traços característicos desta comunidade, pois são demasiado originais. A máscara, a ilusão, desaparecem, tudo se apresenta em sua verdadeira forma.

Nenhum membro pode eleger outro; requer-se o consentimento de todos. Todos os homens são chamados e podem ser eleitos se estiverem maduros para entrar.

Cada qual pode buscar a entrada e todo homem que está no interior pode ensinar outro a buscar a entrada. Mas, enquanto não se estiver maduro, não se chegará ao interior.

Os homens imaturos ocasionariam desordens na comunidade e a desordem não é compatível com o interior. Este rechaça tudo o que não é homogêneo.

A prudência do mundo espia em vão este santuário; em vão trata a malícia de penetrar os grandes mistérios que nele se escondem; tudo é um alfabeto indecifrável para aquele que não está maduro: não pode ver, nem ler nada no interior.

Aquele que está maduro une-se à cadeia; acaso, muitas vezes, quando menos suspeita e a um encontro cuja existência não suponha. Aquele que ama a sabedoria deve esforçar-se para logra a maturidade.

Nesta comunidade santa, está o depósito original das ciências mais antigas do gênero humano, com os mistérios primordiais de todas as ciências e as técnicas que conduzem à maturidade. É a única e verdadeira comunidade da luz que tem a posse da chave de todos os mistérios e que conhece o íntimo da natureza e da criação.

É uma sociedade que une às suas forças, as forças superiores e que conta com membros de mais de um mundo. Seus membros formam uma república teocrática que será algum dia a mãe regente do mundo inteiro.

Terceira Carta

A verdade, que está no mais íntimo de todos os mistérios, parece com o Sol; pois, só ao olho de uma águia (a alma do homem capaz de receber a luz) lhe é permitido contemplá-la.

O olhar de qualquer outro mortal fica deslumbrado e a escuridão envolve-o na mesma luz.

Jamais o grande algo, que está no mais íntimo dos santos mistérios, ocultou-se à vista de águia daquele que é capaz de receber a luz.

Deus e a natureza não têm mistérios para os seus filhos.

O mistério está só na debilidade do nosso ser, que não é capaz de suportar a luz e que ainda não está organizado para a visão casta da verdade desnuda. Esta debilidade é a nuvem que cobre o santuário, é o véu que oculta o Santo dos Santos.

Para que o homem pudesse recobrar a luz, a força e sua dignidade perdidas, a divina amante baixou até a debilidade de suas criaturas e escreveu as verdades e os mistérios interiores e eternos no exterior das coisas, afim de que o homem, por meio deles, pudesse alçar-se até o espírito.

Estas cartas são as cerimônias ou o exterior da religião, que conduzem até o espírito interior unido com Deus, ativo e pleno de vida.

Os hieróglifos dos mistérios são também suas cartas; são os esquemas e os planos das verdades interiores e santas que cobrem o véu estendido ante o santuário.

A religião e os mistérios estão de mãos dadas para conduzirem todos os nossos irmãos a uma verdade. Uma e outros têm por objetivo a mudança e a renovação do nosso ser; seu fim é a reedificação de um templo em que habite a sabedoria com o amor, o Deus com o homem.

Mas a religião e os mistérios seriam fenômenos totalmente inúteis se a divindade não lhes tivesse dado os meios efetivos para alcançar seus grandes fins.

Estes meios estiveram sempre no santuário mais interior; os mistérios estão destinados a construir um templo para a religião e a religião e está destinada a nele reunir os homens com Deus.

Tal é a grandeza da religião e tal tem sido a alta dignidade dos mistérios de todos os tempos.

Seria ofensivo para vocês, amados irmãos na intimidade, que pensassem que nunca haviam observado os santos mistérios a partir deste ponto de vista verdadeiro, que os representa como o único meio capaz de conservar em sua pureza e integridade, a doutrina das verdades importantes sobre Deus, a natureza e o homem; esta doutrina estava envolta com a santa linguagem dos símbolos, mas as verdades que continha foram traduzidas, pouco a pouco, pelos profanos a língua comum, tornando-se, cada vez mais obscuras e ininteligíveis.

Os mistérios, como sabem, irmãos amados com ternura, prometem coisas que serão e que ficarão sempre como herança de um pequeno número de homens; são mistérios que não se podem ver nem ensinar publicamente, são segredos que só pode receber um coração que se esforce em adquirir a sabedoria e o amor e naquele em quem a sabedoria e o amor já foram despertados.

Aquele em quem esta santa chama despertou, vive verdadeiramente, contente com tudo e livre na mesma escravidão. Vê a causa da corrupção humana e sabe que é inevitável.

Não odeia nenhum criminoso, se compadece dele, trata de levantar o decaído e reconduzir o extraviado, não apaga a mecha que ainda arde, nem acaba de romper o junco partido, porque sente que, apesar de toda esta corrupção, nada está totalmente corrompido.

Penetra, com olhar direto, a verdade de todos os sistemas religiosos em seu primeiro fundamento; conhece as fontes da superstição e da incredulidade, considerando-as como modificações da verdade, que ainda não atingiu o equilíbrio.

Estamos seguros, dignos irmãos, de que considerem o homem místico deste ponto de vista e que não atribuam a sua arte real a atividade descarrilhada que alguns indivíduos isolados levaram a cabo.

Com estes princípios, que são precisamente os nossos, considerem a religião e o mistério das santas escolas da sabedoria como irmãs, que, dando-se as mãos, velaram pelo bem de todos os homens, desde seu necessário nascimento.

A religião divide-se em interior e exterior. A religião exterior tem por objeto o culto e as cerimônias; a interior, a adoração em espírito e em verdade.

As escolas da sabedoria dividem-se também em exteriores e interiores. As escolas exteriores possuem a palavra dos hieróglifos e as interiores, o espírito e o sentido.

A religião exterior está ligada com a religião interior pelas cerimônias.

A escola exterior dos mistérios liga-se com a interior pelos hieróglifos.

Mas agora, aproximamo-nos do tempo em que o espírito vivificará a palavra, a nuvem que cobre o santuário desaparecerá, os hieróglifos se converterão em visão real e as palavras em entendimento.

Aproximamo-nos do tempo em que se rasgará o grande véu que cobre o Santo dos Santos. Aquele que venera os santos mistérios já não se dará a reconhecer por palavras e sinais exteriores, mas pelo espírito das palavras e a verdade dos signos.

Deste modo a religião já não será um cerimonial externo, senão que, os mistérios interiores e santos transfigurarão o culto exterior para preparar os homens à adoração de Deus em espírito e em verdade.

Logo desparecerá a noite escura da linguagem das imagens, a luz engendrará o dia e a santa escuridão dos mistérios se manifestará com o esplendor da verdade mais elevada.

As vias da luz estão preparadas para os eleitos e para aqueles que são capazes de caminhar por elas. A luz da natureza, a da razão e a da revelação se unirão.

O átrio da natureza, o tempo da razão e o santuário da revelação, formarão um só templo. Assim se concluirá o grande edifício da reunião do homem com a natureza e com Deus.

O conhecimento perfeito do homem, da natureza e de Deus, será a luz que iluminará os condutores da humanidade para levar a seus irmãos, os homens das vias escuras, dos prejuízos da razão pura e das sendas das paixões turbulentas às vias da paz e da virtude.

A razão pura será a coroa dos que governam o mundo; seu cetro, o amor ativo e o santuário lhes darão a unção e a força necessárias para liberar o entendimento dos povos dos prejuízos e das trevas; para liberar o coração das paixões, do amor próprio e do egoísmo; sua existência física, da pobreza e da enfermidade.

Aproximamo-nos do reino da luz, da sabedoria e do amor, do reino de Deus que é a fonte da luz. Irmãos da luz, há uma só religião cuja verdade simples está distribuída entre todas as religiões como ramos, para volver da multiplicidade a uma religião única.

Filho da verdade, não há mais do que uma ordem, uma fraternidade e uma associação de homens unidos para adquirir a luz. Deste centro, o mal-entendido fez sair inúmeras ordens, todas voltarão da multiplicidade das opiniões a uma verdade única e à verdadeira associação daqueles que são capazes de receber a luz, ou comunidade dos eleitos.

Assim temos de considerar todas as religiões e todas as associações dos homens.

A multiplicidade está no cerimonial exterior, a verdade só é uma no interior.

A causa da multiplicidade e das confrarias está nas múltiplas explicações dos hieróglifos conforme o tempo, as necessidades e as circunstâncias.

A verdadeira comunidade da luz só pode ser uma.

Todo o exterior é uma envoltura que cobre o interior, assim, todo o exterior é também uma palavra que sempre se multiplica, mas que jamais troca nem debilita a simplicidade do espírito que está no interior.

A palavra era necessária, tínhamos que encontrá-la, compô-la e aprender a lê-la para recobrar o sentido interior, o espírito.

Todos os erros, as divisões e os mal-entendidos, tudo o que nas religiões e nas associações secretas, dá lugar a tantos extravios, só concerne à palavra, só se refere só se refere ao véu exterior sobre que estão escritos os hieróglifos, as cerimônias e os rituais.

Nada alcança o interior; o espírito permanece sempre santo e intacto.

Agora se aproxima o tempo da realização para os que buscam a luz.

Aproxima-se o tempo em que o velho deve unir-se ao novo, o exterior com o interior, o alto com o baixo, o coração com a razão, o homem, com Deus e esta época é reservada ao tempo presente.

Não me perguntem, irmãos bem-amados, por que agora?

Tudo tem seu tempo para os seres que estão encerrados no tempo e no espaço; assim são as leis invariáveis da sabedoria de Deus, que coordena tudo, segundo a maioria e a perfeição.

Os eleitos deverão primeiro trabalhar para adquirirem a sabedoria e o amor, até tornarem-se capazes de merecer o poder que a invariável divindade só pode outorgar aos que conhecem e amam.

A manhã é esperada durante a noite, depois sai o Sol e avança para o meio-dia, em que toda sombra desparece sob sua luz direta.

Primeiro tinha que existir a palavra da verdade, depois veio a explicação prática, logo a verdade mesma e só depois dela pode vir o espírito da verdade, que referenda verdade e põe os selos que autentificam a luz. Aquele que pode recebera verdade nos entenderá.

Vocês, irmãos intimamente amados, que se esforçam e adquiri a verdade e que têm conservado fielmente os hieróglifos dos santos mistérios em seu templo, é para vocês que se dirige o primeiro raio de luz; este raio penetra através da nuvem dos mistérios para anunciar-lhes o meio-dia e os tesouros que ele traz.

Não perguntem que são os que lhes escrevem; olhe o espírito em não a palavra, a coisa e não as pessoas.

Nenhum egoísmo, orgulho nem intenção ignóbil reinam em nossos retiros, conhecemos o fim do destino dos homens e a luz que nos ilumina opera todas nossas ações.

Fomos chamados especialmente para escrever-lhes, irmãos bem-amados na luz e o que dá crédito ao nosso cargo são as verdades que possuímos, que lhes comunicaremos com todos os pormenores, conforme a capacidade de cada um.

A comunicação é própria da luz e se dirige ali onde há receptividade e capacidade para a luz; mas não obriga ninguém e espera que se deseje recebe-la.

Nosso desejo, nosso fim e nosso encargo é vivificar em todos os lugares a palavra morta, restituir o espírito vivo às palavras e converter, em todos os lugares a palavra morta, restituir o espírito vivo aos hieróglifos e converter, em todas as partes, o inativo, em ativo, a morte, em vida. Mas não podemos realizar tudo isso por nós mesmos, senão pelo espírito de luz Daquele que é a sabedoria, o amor e a luz do mundo e que quer converter-se também no seu espírito e na sua luz.

Até agora o santuário mais interior esteve separado do templo e o templo assediado pelos que estavam no átrio, chega o tempo em que o santuário mais interior deve reunir-se com o templo, para que aqueles que estão no templo possam atuar sobre os que estão no átrio até que os átrios sejam deixados para fora.

Em nosso santuário, os mistérios do espírito e da verdade conservam-se com toda sua pureza; nunca pode ser violado pelos profanos, nem manchado pelos impuros.

Este santuário é invisível, como uma força que só se conhece por sua ação.

Por esta breve descrição, queridos irmãos, podem julgar que somos e seria supérfluo assegurar-lhes de que fazemos parte dessas cabeças inquietas que, no mundo cotidiano, querem erigir um ideal da sua fantasia.

Tampouco pertencemos àqueles que querem desempenhar um grande papel no mundo e que prometem prodígios que eles mesmos desconhecem.

Menos ainda pertencemos a esta classe de descontentes que queriam vingar-se da sua condição inferior ou que lhes impulsa a sede de dominar ou o gosto pelas aventuras e as coisas extravagantes.

Podemos assegurar-lhes que não pertencemos a nenhuma outra seita nem associação mais do que à grande e verdadeira associação de todos aqueles que são capazes de receber a luz e nenhuma parcialidade, qualquer que seja, (quer acabe em -us ou em –er) tem a mínima influência sobre nós. Tampouco somos dos que se creem com direito a subjugar todos aos seus planos e que têm a arrogância de quere reformar todas as sociedades; podemos assegurar-lhes com fidelidade, que conhecemos, exatamente, o mais interior da religião e de seus santos mistérios e que também possuímos, realmente, o que sempre se conceituou como o mais interior, cuja posse nos dá a força para nos legitimar no nosso encargo e para comunicar, em todas as partes, o hieróglifo e a palavra mortos, o espírito da vida.

Os tesouros do nosso santuário são grandes, temos o sentido e o espírito e todos os hieróglifos e cerimônias que existiram desde o dia da Criação até nossos tempos e as verdades mais interiores de todos os Livros Sagrados, assim como as explicações de ritos dos povos mais antigos.

Possuímos uma luz que nos unge e pela qual compreendemos os pontos mais ocultos e interiores da natureza.

Temos um fogo que nos alimenta e nos dá força para atuarmos sobre tudo o que está na natureza.

Possuímos uma chave para abrir as portas dos mistérios e uma chave para fechar o laboratório da natureza.

Possuímos o conhecimento de um traço que nos une com os mundos superiores e nos transmite sua linguagem.

Todo o maravilhoso da natureza está subordinado ao poder da nossa vontade unida com a divindade.

Possuímos a ciência que interroga a mesma natureza onde não há erro, senão a verdade e a luz. Em nossa escola, tudo se pode ensinar, pois nosso mestre é a mesma luz e seu espírito.

A plenitude de nosso saber é o conhecimento da correspondência entre o mundo divino e o mundo espiritual, deste com o mundo Elemental e do mundo Elemental com o mundo material. Graças a estes conhecimentos, estamos em condições de coordenar os espíritos da natureza e o coração do homem.

Nossas ciências são a herança prometida aos eleitos ou aos que são capazes de receber a luz e a prática das nossas ciências é a plenitude da divina aliança com os filhos dos homens. Poderíamos conter-lhes, queridos irmãos, maravilhas das coisas que estão ocultas no tesouro do santuário, tais, que ficariam assombrados e fora de si mesmos; poderíamos falar-lhes de coisas de cuja concepção, o filósofo que pensa mais profundamente, está tão distante, como está a Terra do Sol e das que estamos tão próximos como está a luz mais interior do ser mais interior de todos.

Mas nossa intenção não é a de excitar sua curiosidade, só a persuasão interior e a sede do bem de nossos irmãos devem impelir a quem é capaz de receber a luz de sua fonte, onde sua sede de sabedoria pode saciar-se e sua fome de amor, satisfazer-se.

A sabedoria e o amor habitam em nossos retiros, aqui não reina nenhuma violência, a verdade das suas incitações é nosso mágico poder.

Podemos assegurar-nos de que em nossos mistérios mais interiores há tesouros de um valor infinito, envolvidos de tal simplicidade que permanecerão sempre inacessíveis aos sábios orgulhosos.

Esses tesouros, cuja busca é a causa de pesares e loucura para muitos profanos, são e serão sempre para nós a verdadeira sabedoria.

Benditos vocês, meus irmãos, se sentiram estas grandes verdades. Sua recompensa será a recuperação do verbo triplo e sua força.

Sua felicidade será possuir a força para contribuir pela reconciliação dos homens com os homens, com a natureza e com Deus; o que constitui o verdadeiro trabalho de todo operário que não recusou a *pedra angular*.

Agora já cumprimos nossa incumbência e lhes anunciamos a aproximação do grande meio-dia e a reunião do santuário mais interior com o templo.

Deixemos o restante à sua livre vontade.

Sabemos que, para nosso amargo pesar, que do mesmo modo como o Salvador foi pessoalmente desconhecido, ridicularizado e perseguido quando veio seu espírito com humildade, assim mesmo seu espírito, que aparecerá na glória, será rechaçado e ridicularizado por muitos.

Apesar disso, o advento do seu espírito deve ser anunciado nos templos para que se cumpra o que está escrito:

> *Bati à sua porta e não me abriu;*
> *Chamei e não escutou minha voz;*
> *Convidei-os para as bodas e estavam*
> *ocupados com outra coisa.*

A paz e a luz do espírito estejam conosco.

Quarta Carta

Assim como a infinidade de números se perde num único número que é sua base e assim como os raios inumeráveis de um círculo reúnem-se num único centro, os mistérios, os hieróglifos e os infinitos problemas não tem outro objeto senão referir-se a uma única verdade.

Aquele que a conhece, encontrou a chave para conhecer tudo de uma vez, não há mais do que um Deus, uma verdade e um caminho que conduz a essa grande verdade.

Só há um meio para encontrá-la.

Quem achou este meio, graças a ele possui:

> *Toda sabedoria de um livro único;*
> *Todas as forças de uma força única;*
> *Todas as belezas de um objeto único;*
> *Todas as riquezas de um tesouro único;*
> *Todas as felicidades num bem único.*
> *A soma de todas estas perfeições é Jesus Cristo,*
> *que foi crucificado e ressuscitou.*

Agora, certamente, esta grande verdade assim expressa, é só objeto de fé, mas pode converter-se também num conhecimento espiritual, enquanto formos instruídos sobre como Jesus Cristo pode ser ou tornar-se tudo isso.

Este grande mistério foi sempre objeto de ensinamento na *escola secreta da igreja invisível* e interior e este ensinamento se conhecia nos primeiros tempos do cristianismo sob o nome de Disciplina Arcani.

Desta escola secreta procedem todos os ritos e as cerimônias da igreja exterior.

O espírito destas verdades grandes e simples retirou-se para o interior e em nossos dias, parece totalmente perdido para o exterior.

Queridos irmãos, foi anunciado há muito tempo que tudo o que está oculto será descoberto nos últimos tempos, mas também se previu que nesses últimos tempos muitos falsos profetas se levantarão e os fiéis serão advertidos de que não devem crer em qualquer espírito, mas, examiná-los para ver se são de Deus. (*1ª Epístola de São João, Cap. 4 e seguintes*)

O mesmo apóstolo ensina o modo de fazer esta prova, diz:

Assim reconhecereis o espírito que é de Deus: todo espírito que confessasse que Jesus Cristo veio em carne verdadeira, é de Deus, e todo espírito que o divida, quer dizer, que separe Nele o divino do humano, não é de Deus.

Confessamos que Jesus Cristo veio em carne e por isto mesmo, o espírito de verdade fala por nós.

Mas o mistério de Jesus Cristo vindo em *carne* é muito profundo e encerra em si o conhecimento do divino humano.

Este é o conhecimento que escolhemos hoje como objeto de nossa instrução.

Queridos irmãos, como não falamos com iniciantes em matéria de fé, será mais fácil a vocês, conceberem as sublimes verdades que exporemos como temas preparatórios; os que já o escolheram, sem dúvida, muitas vezes, como fim das suas santas meditações.

A religião, a partir do ponto de vista científico, é a doutrina da transformação do homem separado de Deus em homem reunido com Deus.

Daí que seu único objetivo seja unir a cada indivíduo e finalmente, a toda a humanidade, com Deus, pois só em dita união pode alcançar e experimentar a mais alta felicidade temporal e espiritual.

Assim, esta doutrina da reunião é a dignidade mais sublime e como é uma doutrina, deve ter, necessariamente, um método por onde conduzir-nos em primeiro lugar, ao conhecimento da verdadeira via da reunião e em segundo lugar, ao conhecimento da forma como deve aplicar-se este meio conforme o seu fim.

O grande meio da reunião, em que se concentra toda a doutrina religiosa, jamais seria conhecido pelo homem sem a revelação. Sempre esteve fora da esfera do conhecimento científico e a profunda ignorância em que caiu o homem, foi necessária a revelação, sem a qual nunca poderíamos encontrar o caminho para levantarmo-nos de novo.

Da revelação resultou a necessidade da fé na revelação; pois aquele que não sabe, que não tem nenhuma experiência de algo precisa primeiro, necessariamente, crer se quer saber e experimentar.

Se a fé decai, preocupamo-nos pouco com a revelação e assim, encerramos a nós o caminho de acesso ao método que só a revelação contém.

Assim como a ação e a reação promovem-se reciprocamente na natureza, o mesmo ocorre entre a revelação e a fé.

Onde não há reação, a ação, necessariamente, cessa; onde não há fé, não pode haver revelação.

Quanto mais haja fé, haverá mais revelação ou desenvolvimento das verdades que estão na escuridão e que só podem desenvolver-se por nossa confiança.

Certamente, todas as verdades secretas da religião, inclusive as mais obscuras e os mistérios que nos parecem mais singulares, se justificarão um dia ante o tribunal da razão mais rigorosa, mas a debilidade do homem, nossa falta de penetração com respeito a todo o conjunto da natureza sensível e espiritual, exigiram que as verdades mais elevadas só pudessem ser ensinadas e abertas de um modo sucessivo.

A santa escuridão dos mistérios deve-se à nossa debilidade, assim como seu esclarecimento gradual está aqui para fortificar pouco a pouco nossa debilidade e fazer nosso olho suscetível de fixar a luz plena.

Em cada grau a que se eleva, o crente, em seu caminho para a revelação, obtém uma luz mais perfeita para chegar ao conhecimento e de modo progressivo, esta luz torna-se para ele mais convincente porque cada verdade da fé adquirida, pouco a pouco se faz viva e passa a ser convicção.

A partir daí, a fé fundamenta-se em nossa debilidade e na plena luz da revelação, que se comunicará conforme nossa capacidade para dar-nos, sucessivamente, a objetividade das coisas mais elevadas.

Portanto, estes objetos, para os que a razão humana carece de objetividade, pertencem ao domínio da fé.

O homem só pode adorar e calar-se, mas se quiser demonstrar coisas sobre as que não tem objetividade, cai necessariamente no erro.

O homem deve adorar e calar-se até que os objetos que são o domínio da fé se tornem pouco a pouco mais claros, logo, mais fáceis de conhecer.

Tudo se demonstra por si mesmo enquanto adquirimos a experiência interior das verdades da fé, enquanto somos conduzidos pela fé, para a visão, quer dizer, ao conhecimento objetivo.

Sempre houve homens iluminados por Deus, possuidores desta objetividade interior da fé em sua totalidade ou em parte, conforme se passasse a comunicação das verdades da fé a seu entendimento ou a seu sentimento.

A primeira classe de visão, puramente inteligível, chamava-se *iluminação divina*.

A segunda, *inspiração divina*.

Em alguns homens abriu-se o *sensorium* interior até alcançar visões divinas e transcendentais, chamadas arrebates ou êxtase, quando o *sensorium* interior foi exaltado até dominar o sensorium exterior e sensível.

Esta classe de homens sempre foi inexplicável e continua sendo para o homem dos sentidos, pois ele carece de órgão para o sobrenatural e transcendental. Pelo que não devemos estranhar que se olhe o homem que considerou mis de perto o mundo dos espíritos como um extravagante e até como um louco, pois o juízo comum dos homens limita-se ao que os sentidos deixam-lhe perceber; por isso a escritura diz claramente:

O homem animal não concebe o que é do espírito, porque seu sentido espiritual não está aberto ao mundo transcendente, de modo que não pode ter mais objetividade para este mundo como o cego para as cores.

Assim, o homem exterior dos sentidos perdeu o sentido interior, que é o mais importante, ou, melhor dizendo, perdeu a capacidade de desenvolvimento deste sentido que está oculto nele, que está tão abandonado que nem ele mesmo concebe sua existência.

Os homens dos sentidos sofrem de cegueira espiritual; seu olho interior está cerrado e este obscurecimento é consequência da queda do primeiro homem.

A matéria corruptível que o envolve, cerrou seu olho interior e espiritual e ficou cego a tudo o que concerne aos mundos interiores.

O homem é duplamente miserável, não só leva uma venda sobre seus olhos, como oculta o conhecimento das verdades mais elevadas, mas que também seu coração o faz lânguido aos laços da carne e do sangue, que o atam aos prazeres animais e sensíveis em detrimento de prazeres mais elevados e espirituais. Por isso somos escravos da concupiscência, estamos dominados por paixões que nos tiranizam e arrastamo-nos como desditados paralíticos sobre duas muletas: a da nossa razão e a dos nossos sentimentos naturais.

- A primeira oferece-nos cada dia, a aparência como verdade.
- A segunda faz-nos escolher, diariamente, o mal pelo bem.

Eis aqui nosso miserável estado!

Os homens não poderão alcançar a felicidade até que caia de seus olhos a bandagem que lhes impede o acesso à verdadeira luz.

Só poderão ser felizes, quando se romperem os laços a escravidão. Se quiserem ser felizes, o cego deve poder ver e o paralítico caminhar.

A grande e terrível lei a que a felicidade ou a dita dos homens está absolutamente unida, é a seguinte: homem, que a razão reine sobre suas paixões! Há séculos em que nos esforçamos em raciocinar e moralizar. Qual foi o resultado do nosso esforço ao cabo de tantos séculos? Os cegos querem guiar os cegos e os paralíticos, aos paralíticos. Mas, com todas as loucuras a que nós temos entregado e as misérias que atraímos não vemos, porém, que nada podemos e que necessitamos de um poder mais elevado para livrar-nos da miséria.

Os prejuízos e os erros, os vícios e os crimes mudaram de forma ao longo dos séculos, mas jamais foram extirpados da humanidade; a razão sem a luz sempre andou às tontas, em meio às trevas e o coração cheio de paixões, sempre foi o mesmo.

Só um que possa curar-nos e abrir nosso olho interior para que vejamos a verdade, só há um que possa tirar-nos as correntes que nos sobrecarregam e nos tornam escravos da sensualidade. Este Único é Jesus Cristo, o salvador dos homens; é o salvador porque quer arrancar-nos das consequências em que nos precipitam a cegueira da nossa razão natural e os extravios de nosso coração apaixonado.

Muitos poucos homens, queridos irmãos, tem uma ideia exata da grandeza da redenção dos homens; muitos creem que Jesus Cristo, o Senhor, por seu sangue derramado, só nos resgatou da condenação ou eterna separação do homem com respeito a Deus, mas não creem que também quer liberar de toda miséria, aqui debaixo, aos que lhe são devotos. Jesus Cristo é o salvador do mundo, o vencedor da miséria humana; Ele nos regatou da morte e do pecado, como poderia Ele ser todo, se o mundo tivesse de enfraquecer sempre nas trevas da ignorância e nos laços das paixões? Já foi previsto pelos profetas e muito claramente, que chegaria o tempo da redenção do seu povo, o primeiro *Sabat* dos tempos.

Faz tempo que devemos reconhecer essa promessa pena de consolo, mas a falta do verdadeiro conhecimento de Deus, do homem e da natureza foi o impedimento que sempre nos ocultou os grandes mistérios da fé.

É preciso saber, irmãos meus, que existe uma dupla natureza: a natureza pura, espiritual, imortal e indestrutível e a natureza impura, morta, destrutível.

A natureza pura e indestrutível já existia antes da natureza impura e destrutível.

Esta última deve sua origem à desarmonia e desproporção das substâncias que formam a natureza indestrutível. Por isso, só não será permanente até que as desproporções e as dissonâncias desapareçam e tudo volte de novo à harmonia.

A ideia incorreta sobre o espírito e a matéria é uma das principais causas de que muitas verdades da fé não nos apareçam em sua verdadeira luz.

O espírito é uma substância, uma essência, uma realidade absoluta.

Por isso suas propriedades são a indestrutibilidade, a uniformidade, a penetração, a indivisibilidade e a continuidade.

A matéria não é uma substância, mas um agregado. Daí que seja destrutível, divisível e submetida à mudança.

O mundo metafísico é um mundo que existe realmente, extremamente puro e indestrutível, cujo centro chamamos de Jesus Cristo e a seus habitantes damos os nomes de espírito ou anjos.

O mundo material e físico é o mundo dos fenômenos; não possui nenhuma verdade absoluta; tudo quanto aqui chamamos verdade é só relativo, não é mais do que a sombra da verdade e não a verdade mesma; tudo é fenômeno.

Nossa razão obtém todas suas ideias por meio dos sentidos, pelo que, estão sem vida, estão mortas. Tiramos tudo da objetividade exterior e nossa razão assemelha-se a um mono que imita, com maior ou menor acerto, o que a natureza lhe apresenta.

Assim pois, a simples luz dos sentidos é o princípio de nossa razão inferior e o móvel da nossa vontade é a sensualidade, a inclinação às necessidades animais.

É certo que sentimos a necessidade de um móvel mais elevado, mas até agora não sabíamos busca-lo nem encontrá-lo.

Aqui em baixo, onde tudo é corruptível, não podemos buscar o princípio da razão, nem o princípio da moralidade ou o móvel da vontade. Devemos adquiri-los de um mundo mais elevado.

Ali, onde tudo é puro e nada está sujeito à destruição, reina um Ser que é todo sabedoria e amor; pela luz de sua sabedoria pode chegar a ser para nós o verdadeiro princípio da razão e pelo calor do seu amor, o verdadeiro princípio da moralidade.

Assim mesmo, o mundo não chegará, nem pode chegar a ser feliz, mais do que quando esse Ser real, que é ao mesmo tempo a sabedoria e o amor, seja recebido totalmente pela humanidade e nela seja todo em todos.

O homem, queridos irmãos, é composto de uma substância indestrutível e metafísica e de uma substância material e destrutível, de tal modo que, aqui em baixo, a matéria destrutível mantém como aprisionada a substância indestrutível e eterna.

Portanto, duas naturezas contraditórias estão encerradas no mesmo homem.

A substância destrutível ata-nos sempre ao sensível; a substância indestrutível tenta liberar-se das cadeias sensíveis e busca a sublimidade do espírito.

Daqui deriva o contínuo combate entre o bem e o mal; o bem sempre quer a razão e a moralidade, o mal conduz cotidianamente ao erro e à paixão.

Por isso, o homem, submerso neste combate perpétuo, tão logo se eleva como cai nos abismos; tenta levantar-se de novo e volta a vacilar.

Devemos buscar a causa fundamental da corrupção humana na matéria corruptível de que são formados os homens. Esta matéria grosseira oprime em nós, a ação do princípio transcendental e espiritual; esta é a verdadeira causa da cegueira do nosso entendimento e dos erros do nosso coração.

Deve-se buscar a fragilidade de um vaso na matéria de que é formado. A forma mais bela que a terra possa adquirir sempre será frágil, porque a matéria de que é formada é frágil.

Por isso, nós, pobres homens, não somos mais do que homens frágeis, apesar de toda nossa cultura exterior.

Quando examinamos as causas de nossos impedimentos que mantêm a natureza humana numa submissão tão profunda, as encontramos todas no tosco da matéria, em cujo interior a parte espiritual do homem encontra-se submersa e atada.

A inflexibilidade das fibras e a imobilidade dos humores, que desejam obedecer às refinadas incitações do espírito, são como cadeias materiais que o atam e impedem que realizem em nós, as funções sublimes de que seriam capazes.

Os nervos e os fluidos do nosso cérebro não nos proporcionam mais do que ideias grosseiras e obscuras, que derivam dos fenômenos e não da verdade e da coisa em si. Como não podemos, com a só potência de nosso princípio pensante, equilibrar a violência das ações exteriores com a ajuda de imagens suficientemente enérgicas, sempre nos vemos arrastados pela paixão; e a voz da razão, que nos fala suavemente em nosso interior, é apagada pelo ruído tumultuoso dos elementos que sustém nossa máquina.

É certo que a razão se esforça por dominar a agitação, quer dizer, o combate e tenta restabelecer a ordem pela lucidez do seu juízo. Mas sua ação assemelha-se aos raios do Sol quando espessas nuvens obscurecem seu resplendor.

A fragilidade dos materiais que constituem o homem material, a armação de todo o edifício de sua natureza, é a causa desta prostração que mantém os poderes de nossa alma num estado de imperfeição e debilidade contínuas.

A paralisia da nossa força pensante é, em geral, uma consequência do estado de dependência que nos submete a matéria grosseira e inflexível; esta mesma matéria forma os verdadeiros laços da carne e as fontes de todos os erros, inclusive do vício.

A razão, que deve ser a legisladora absoluta, é uma escrava perpétua da sensualidade que se erige em regente e se serve da razão, que enfraquece em seus laços e se presta a seus desejos.

Conhece-se esta verdade desde há tempos; sempre foi pregada com palavras.

A razão deve ser a legisladora absoluta. Deve governar à vontade e não ser governada por ela.

Grandes e pequenos percebem esta verdade, mas quando se vai à prática, a vontade animal subjuga logo a razão e ato sequente, a razão subjuga por algum tempo a vontade animal.

Assim, em cada homem, a vitória e a derrota entre as trevas e a luz vão alternando-se; esta mesma potência e contra potência recíproca são a causa da oscilação perpétua entre o bem e o mal, entre o falso e o verdadeiro.

Se a humanidade há de ser conduzida a verdade e ao bem, para que só atue de acordo com as leis da razão e conforme as inclinações puras da vontade, é totalmente necessário dar a razão pura a soberania sobre a humanidade.

Mas como pode ser isto possível quando a matéria de que são formados os homens é desigual, tosca, divisível e corruptível e é constituída de tal modo que toda nossa miséria, dor, enfermidade, pobreza, morte, necessidades, prejuízos, erros e vícios dependem dela e são consequência necessária da limitação do espírito imortal entre os laços da matéria bruta e corruptível? Acaso não governa a sensualidade quando a razão é atada? Não está entre ligaduras quando o coração impuro e frágil rechaça por todas as partes, seu raio puro?

Sim, amigos e irmãos, eis aqui a causa de toda miséria dos homens; e como esta corrupção propaga-se entre os homens, pode-se chamá-la com justiça, a corrupção hereditária.

Podemos observar que as forças da razão atuam sobre o coração, conforme a constituição específica da matéria com que o homem é formado. Também devemos ressaltar que quando o Sol vivifica esta matéria animal, de acordo com sua distância do referido corpo terrestre, torna-a tão apta para as funções da economia animal como para um grau mais ou menos elevado de influência espiritual.

A diversidade de povos, suas particularidades com relação ao clima, sua multiplicidade de caracteres e paixões, seus costumes, seus prejuízos e seus usos, inclusive suas virtudes e seus vícios, dependem por inteiro da constituição específica da matéria com que são formados, em que, o espírito aprisionado opera diferentemente. Inclusive sua capacidade de cultura modifica-se conforme sua constituição e também conforme ela dirige a ciência que se modifica em cada povo quando tem uma matéria presente, suscetível de ser modificada; isto determina a capacidade de cultura própria de um povo, que depende em parte da geração e em parte, do clima.

Geralmente encontramos em todos os lugares, o mesmo homem frágil e sensual; que traz de bom, em cada zona, tanto quanto sua matéria sensível permita a razão prevalecer sobre a sensualidade e tão mal, tanto como predomine a sensualidade sobre o espírito mais ou menos encarcerado.

Nisto consiste o bem e o mal natural de cada estação, assim como o de cada indivíduo.

No mundo inteiro encontramos esta corrupção inerente à matéria de que se formam os homens. Em todas as partes, há miséria, dor, enfermidade e morte; em todos os cantos existem necessidades, prejuízos, paixões e vícios, ainda que com distintas formas e algumas modificações.

A partir do estado mais bruto da vida selvagem, o homem começa a relacionar-se socialmente por necessidade; a força e a astúcia, propriedades principais do animal, acompanham-no e desenvolvem-se sob distintos aspectos.

As modificações dessas tendências animais fundamentais são inumeráveis e o mais alto grau de cultura humana que até hoje o mundo tenha adquirido, não fez nada mais, senão colorir as coisas com uma capa mais tênue. Isto é o que significa elevar-se do estado de animal bruto até o mais alto grau de animal refinado.

Este período era necessário e uma vez cumprido, começa um novo, em que, depois de terem desenvolvido as necessidades animais, começa o desenvolvimento da necessidade mais elevada de luz e razão.

Jesus Cristo gravou-nos no coração, com palavras belas, a grande verdade de que devemos buscar na matéria a causa da miséria dos homens, mortais e frágeis pela ignorância e as paixões. Quando dizia: *O melhor homem, aquele que mais se esforça para chegar à verdade, peca sete vezes ao dia.*

Queria dizer que no homem melhor organizado as sete forças do espírito estão tão sujeitas que, as sete ações da sensualidade dominam-no diariamente.

Assim pois, o melhor dos homens está exposto aos erros e às paixões. O melhor dos homens é débil e pecador, não é livre, nem está isento da dor e da miséria; está sujeito à enfermidade e à morte. Por que tudo isto? Porque é a consequência necessária das propriedades da matéria corruptível com que é formado.

Assim pois, não haverá nenhuma esperança de uma felicidade maior para a humanidade, enquanto este ser corruptível e material constitua a parte principal e substancial da sua essência. A impossibilidade em que se encontra a humanidade para alçar-se por si mesma até a verdadeira perfeição é uma constatação cheia de desespero, mas, ao mesmo tempo, este pensamento é a causa, cheia de consolo, pela qual um ser mais elevado e mais perfeito cobriu-se desta envoltura mortal e frágil, a fim de fazer imortal o mortal, indestrutível, o destrutível; esta é a verdadeira causa da encarnação de Jesus Cristo.

Jesus Cristo é o ungido da luz, o esplendor de Deus, a sabedoria saída de Deus, o Filho de Deus, o verbo real pelo que tudo foi feito e que já estava no princípio. Jesus Cristo, a sabedoria de Deus que opera todas as coisas, era o centro do paraíso, do mundo da luz; era o único órgão real pelo que a força divina podia comunicar-se e este órgão é a natureza imortal e pura, a substância indestrutível que vivifica tudo e conduz a mais alta perfeição e felicidade.

Esta substância indestrutível é *o elemento puro* em que vivia o homem espiritual.

Deste elemento puro em que só Deus habitava e de cuja substância foi criado o primeiro homem, este se separou pela queda.

Pelo gozo do fruto da árvore da mescla do princípio bom ou incorruptível ou do princípio mau ou corruptível, envenenou-se de tal sorte que seu ser imortal se interiorizou e o mortal o recobriu.

Assim despareceram a imortalidade, a felicidade e a vida e a mortalidade, a desgraça e a morte foram as consequências desta mudança.

Muitos homens não podem fazer ideia da árvore do bem e do mal; esta árvore era produto da matéria caótica que estava ainda no centro e em que a destrutibilidade era, todavia, superior a destrutibilidade.

O gozo demasiado prematuro deste fruto que envenena e derruba a mortalidade, envolveu Adão nesta forma material que está sujeita a morte.

Caio entre os elementos aos que antes governava.

Por causa deste desgraçado sucesso, a imortal sabedoria, o elemento puro e metafísico, cobriu-se com a envoltura mortal e voluntariamente, sacrificou-se para que suas forças interiores chegassem até o centro da destruição e pudessem, pouco a pouco, devolver a imortalidade a todo o mortal.

Assim, da mesma maneira em que de modo completamente natural, o homem imortal se fez mortal, pelo gozo de um fruto mortal, também de modo natural, o homem mortal pode recuperar sua dignidade precedente pelo gozo de um fruto imortal.

Tudo ocorre de modo natural e simples no reino de Deus, mas para reconhecer esta simplicidade é necessário ter ideias puras sobre Deus, a natureza e o homem.

Se as verdades mais sublimes da fé ainda estão envoltas para nós de uma escuridão impenetrável, deve a que seguimos separando as ideias de Deus, da natureza e do homem.

Jesus Cristo, quando ainda estava na terra, falou com seus amigos mais íntimos do grande mistério da regeneração, mas tudo o que dizia era obscuro para eles, não podiam concebê-lo, o desenvolvimento destas grandes verdades estava reservado para os últimos tempos.

Este é o supremo mistério da religião em que se incluem e unificam todos os mistérios.

A regeneração não é outra coisa senão a dissolução e o desprendimento da matéria impura e corruptível, que mantém atado a nosso ser imortal e que submerge num sono de morte à vida das forças ativas oprimidas.

Necessariamente tem que haver um meio real para expulsar o fermento venenoso que ocasiona em nós a desgraça e devolver a liberdade às forças oprimidas.

Mas este meio só se há de buscar na religião, porque, considerada cientificamente, é a doutrina da reunião com Deus e também, necessariamente, deve ensinar-nos a reconhecer o meio para chegar a esta reunião.

Acaso não são Jesus Cristo e seu vivificante conhecimento o objeto principal da Bíblia e de todos os desejos e esperas do cristianismo?

Quando andou entre seus discípulos, não recebemos de nosso Senhor e mestre as mais sublimes soluções a respeito das verdades mais ocultas? Nosso Senhor e mestre, em corpo glorioso depois da sua ressureição, não lhes deu a revelação mais elevada referente a sua pessoa e não os conduziu, mais profundamente, ao interior do conhecimento da verdade? Acaso não realizaria o que disse em sua oração sacerdotal?

... dei-lhes e comuniquei-lhes a glória que me deste, a fim de que sejam uno como nós somos uno, eu neles e você em mim, para que sejam perfeitos em uno.

São João 17, 22 e 23

Como os discípulos do Senhor não podiam conceber este grande mistério da nova e última aliança, Jesus Cristo guardou-o para os últimos tempos do futuro que agora se acercam e disse:

O dia em que eu lhes comunicarei minha glória, reconhecerão que eu estou no meu pai, vocês em mim e eu em vocês.

Esta aliança é a aliança da paz. Então, a lei de Deus será gravada no mais íntimo de nosso coração, todos reconheceremos o Senhor, seremos seu povo e ele será nosso Deus.

Tudo já está preparado para essa posse atual de Deus, para esta união real com Deus que já é possível aqui em baixo; o elemento santo, a verdadeira medicina para a humanidade, é revelado pelo espírito de Deus.

A mesa do Senhor está preparada e todos estão convidados; o verdadeiro pão dos anjos está preparado e sobre ele está escrito: Dei-lhes o pão do Céu.

A santidade e a grandeza do mistério que engloba todos os mistérios, ordenam-nos calar e só nos é permitido mencionar seus efeitos.

O corruptível, o destrutível, é consumido em nós e coberto pelo incorruptível e indestrutível.

*O sensorium interior abre-se
e nos une ao mundo espiritual.*

Somos iluminados pela sabedoria, conduzidos pela verdade e alimentados pela chama do amor.

Forças desconhecidas desenvolvem-se em nós para vencer o mundo, a carne e Satã. Todo nosso ser é renovado e tornado capaz de converter-se em morada real do espírito de Deus.

São nos dados o domínio da natureza, a relação com os mundos superiores e a beatitude do trato visível com o Senhor.

A vendagem da ignorância cai dos nossos olhos, os laços da sensualidade rompem-se e adquirimos a liberdade dos filhos de Deus.

Dissemos o mais elevado e o mais importante, mas ainda lhes diremos mais se o seu coração, que tem sede da verdade, captou ideias puras de tudo isto e compreendeu totalmente a grandeza e a santidade do fim almejado.

Que, entre tanto, a glória do Senhor e a renovação de todo o seu ser sejam suas mais elevadas esperanças.

QUINTA CARTA

Queridos irmãos, em nosso último escrito destacamos o mais alto de todos os mistérios: *"a posse real de Deus"* e é necessário que os esclareça mais a respeito.

O homem, queridos irmãos, é desgraçado aqui em baixo porque é formado de uma matéria destrutível e sujeita a todas as misérias.

Esta frágil envoltura que é o corpo, o expõe à violência dos elementos; seu destino é a dor, a pobreza, o sofrimento e a enfermidade.

O homem é desgraçado porque seu espírito imortal enlanguesce sob o laço dos sentidos.

A luz divina está encerrada nele, mas caminha vacilante pelas sendas da sua peregrinação, com só o resplendor intermitente da sua razão sensorial; torturado pelas paixões, extraviado pelos prejuízos e alimentado pelos erros, vai submergindo-se em abismos de miséria.

O homem é desgraçado porque está enfermo de corpo e alma e não possui nenhuma medicina verdadeira, nem para seu corpo nem para sua alma.

Aqueles que deveriam conduzir os demais, guia-los à felicidade e governa-los, são homens tão frágeis como os demais, sujeitos às mesmas paixões e igualmente expostos a muitos prejuízos.

Sendo assim, que destino o aguarda para a humanidade?
Será sempre desgraçada a maior parte dela?
Não há salvação para todos?

Irmãos, se a humanidade for capaz, alguma vez, de alcançar um estado de felicidade, esta só será possível sob as seguintes condições:

...primeiro, a pobreza, a dor, a enfermidade e a miséria hão de ser menos frequentes.

Em segundo lugar, as paixões, os prejuízos e os erros tem que diminuir.

Acaso é isto possível dada a natureza corrompida do homem; quando a experiência nos demonstra no transcurso dos séculos, que as paixões, os prejuízos e os erros ocasionam sempre o mesmo mal; quando vemos que estas coisas só mudaram de forma e que o homem segue igualmente frágil?

Existe uma terrível sentença que pesa sobre o gênero humano: *os homens não serão felizes até que não sejam sábios.* Mas não serão sábios enquanto a sensualidade domine sobre a razão, enquanto o espírito enfraqueça nos laços da carne e do sangue.

Onde está o homem isento de paixões?
Que se mostre! Não arrastamos todos em maior ou menor grau as cadeias da sensualidade?
Não somos todos escravos, pecadores?
Sim, irmãos, confessemos que somos escravos do pecado.

O reconhecimento da nossa miséria excita-nos a necessidade de redenção; voltemos nosso olhar para cima e a voz de um anjo nos anuncia:

A miséria do homem será retirada.
Os homens estão enfermos de corpo e de espírito.

Assim, pois, esta enfermidade geral há de ter alguma causa, tal causa está na matéria de que o homem é composto.

O destrutível encerra o indestrutível, a luz da sabedoria está atada nas profundidades da escuridão.

O fermento do pecado encontra-se em nós, neste fermento erradica a corrupção humana e sua propagação com as consequências do pecado original.

A cura da humanidade se é possível destruindo em nós o fermento do pecado, para o que se necessita de um médico e um remédio.

Mas o enfermo não pode ser curado por outro enfermo, nem o destrutível levar o destrutível à perfeição.

O que está morto não pode despertar o que também está morto; o cego não pode conduzir outro cego. Só o perfeito pode levar o imperfeito à perfeição; só o indestrutível pode voltar a ser como ele o destrutível e só o que está vivo pode animar o que está morto.

Por isso, não se deve buscar o médico, nem o remédio na natureza destrutível onde tudo é morte e corrupção.

Hão de buscar numa natureza superior, onde tudo é perfeição e vida.

A verdadeira causa de todos os erros e prejuízos é o desconhecimento da aliança da divindade com a natureza e da natureza com o homem.

Os teólogos, os filósofos e os moralistas quiseram governar o mundo e o encheram de eternas contradições.

- Os teólogos não conhecem as relações de Deus com a natureza e por isso caíram no erro.
- Os filósofos só estudaram a matéria e não a aliança da natureza pura com a natureza divina, pelo que manifestam falsas opiniões.

- Os moralistas não conhecem a corrupção fundamental da natureza humana e quiseram curar com palavras quando se necessitavam meios.

Assim é como o mundo, o homem e inclusive Deus tem sido vítimas de eternas disputas e que algumas opiniões vêm substituindo outras; assim é como a superstição e a incredulidade tem dominado alternativamente e afastado o mundo da verdade em vez de aproximar-se dela.

Só nas escolas da sabedoria se aprende a conhecer Deus, a natureza e o homem; há milhares de anos que nelas se trabalham em silêncio, para adquirir o mais alto grau de conhecimento: a união do homem com a natureza pura e com Deus.

Todas as religiões representaram, simbolicamente, este grande objetivo de Deus e da natureza a que tudo tende; todos os monumentos e hieróglifos sagrados são só cartas com que o homem pode reencontrar, pouco a pouco, o mais elevado de todos os mistérios divinos, naturais e humanos: o meio de dura para seu estado atual e miserável, o meio de união do seu ser com a natureza pura e com Deus.

Chegamos até esta época sob o olhar de Deus.

A divindade, lembrando da sua aliança com o homem, deu-nos o meio de cura para a humanidade enferma e mostrou-nos os caminhos para elevar o homem à dignidade de sua natureza pura e uni-lo a ela, que é a fonte de sua felicidade.

O conhecimento deste meio de salvação é a ciência dos eleitos e dos santos e sua posse, a herança prometida aos filhos de Deus.

Tenham a bondade, queridos irmãos, de prestar-nos toda a sua atenção.

Em nosso sangue há uma matéria viscosa (chamada glúten) oculta, mais aparentada com a animalidade do que com o espírito. Este glúten é a matéria do pecado.

Esta matéria pode ser modificada por meio de estímulos sensíveis, as más inclinações ao pecado distinguem-se conforme o tipo de modificação desta matéria do pecado.

Em seu mais alto grau de expansão, esta matéria opera a presunção e o orgulho, no seu mais alto grau de contração, a avareza, o amor próprio e o egoísmo.

Em estado de repulsão, a raiva e a cólera; em movimento circular, a pressa e a incontinência.

Em sua excentricidade, a gula e a embriaguez. Em sua concentricidade, a inveja. Em sua essencialidade, a preguiça.

Este fermento do pecado é mais ou menos abundante em cada homem e se transmite de pais a filhos; sua propagação em nós impede, sempre, a ação simultânea do espírito sobre a matéria.

É certo que o homem, a mercê de sua vontade, pode impor limites a essa matéria do pecado e dominá-la para que atue menos sobre ele, mas não pode aniquila-la completamente.

Daqui deriva nosso contínuo combate entre o bem e o mal.

Esta matéria do pecado que está em nós forma os laços da carne e do sangue, nós que por um lado estamos atados a nosso espírito imortal e por outro, as excitações animais.

É como o detonante pelo que as paixões animais se acendem em nós.

A falta de um juízo justo e pausado, a reação violenta desta matéria do pecado ante a excitação sensual, é a causa pelo que escolhemos antes o mal do que o bem, já que a fermentação desta matéria, fonte das paixões, impede a ação tranquila do espírito, necessária para um juízo saudável.

Esta mesma substância do pecado é também a causa da ignorância, porque sua trama espessa e inflexível sobrecarrega as delicadas fibras do nosso cérebro e impede a ação simultânea da razão, necessária para a penetração do que é objeto do entendimento.

Assim, o falso e o mau são as propriedades desta matéria do pecado em nós, como o bem e o verdadeiro são os atributos de nosso princípio espiritual.

Pelo conhecimento profundo desta matéria do pecado, aprendemos a ver quão enfermos estamos moralmente e até que ponto necessitamos de um médico que nos administre o remédio que aniquile tal matéria e nos devolva a saúde moral.

Aprendemos também a ver que nossa forma de moralizar com palavras serve de pouco, ali onde são necessários meios reais.

Moraliza-se desde há séculos e o mundo é sempre o mesmo.

O enfermo seguirá convalescente se o médico não faz mais do que moralizar junto a seu leito. É preciso que lhe prescreva remédios, mas antes, deve conhecer-se o verdadeiro estado do enfermo.

Estado Enfermo da Humanidade

A enfermidade dos homens é um verdadeiro envenenamento; o homem comeu o fruto da árvore em que dominava o princípio corruptível e material e envenenou-se ao desfrutá-lo.

O primeiro efeito deste veneno foi que o princípio incorruptível (a que poderíamos chamar corpo de vida, assim como a matéria do pecado é o corpo da morte), cuja expansão foi perfeita em Adão, concentrou-se no interior e abandonou o exterior ao domínio dos elementos.

Foi assim que, rapidamente, uma matéria mortal cobriu a essência imortal; as consequências naturais da perda da luz foram a ignorância, as paixões a dor, a miséria e a morte.

A comunicação com o mundo da luz foi interceptada, o olho interior que via a verdade cerrou-se e o olho material abriu-se ao aspecto inconstante dos fenômenos.

O homem perdeu toda sua felicidade e sem dispor de um meio para salvar-se, se teria perdido para sempre nesse estado miserável. Mas o amor e a misericórdia infinita de Deus, que ao criar, nunca teve outro objetivo senão o de oferecer a maior felicidade às criaturas, imediatamente depois da queda, deu ao homem um meio para salvação que devia esperar junto com toda posteridade; assim, em seu desterro, fortalecido com a esperança, poderia suportar sua desgraça humildemente e com resignação e conservar na sua caminhada o grande consolo de que tudo o que havia corrompido, recuperaria sua perfeição primeira pelo amor do salvador.

Sem esta revelação, o destino do homem seria o desespero.

Antes da queda, o homem era o templo vivo da divindade. Quando este templo foi devastado, a sabedoria de Deus projetou o plano para reconstruí-lo.

Nesta época começam os mistérios sagrados das religiões, os quais, sob mil aspectos diferentes conforme as diversas circunstâncias dos distintos povos, não são, em si mesmos, mais do que os símbolos repetidos e deformados de uma única verdade: *a regeneração ou a reunião do homem com Deus.*

Antes da queda, o homem era sábio, estava unido à sabedoria; depois da queda foi separado dela. Foi por isso que lhe foi necessária a revelação, para que o pusesse em condições de unir-se a ela de novo.

A primeira revelação foi a seguinte: consegue-se o estado de imortalidade quando o imortal penetra no mortal.

O imortal é uma substância divina, a magnificência de Deus na natureza, o substrato do mundo dos espíritos; em resumo, é a finitude divina em que tudo tem vida e movimento. Eis uma lei absoluta:

...nenhuma criatura pode ser verdadeiramente feliz se se encontra apartada de toda fonte de felicidade. Esta fonte é a magnificência de Deus mesmo.

Pela assimilação de um elemento perecedor, o homem tornou-se perecedor e matéria; a matéria encontra-se, por assim dizer, entre Deus e ele, já não é penetrado imediatamente pela divindade e por isso está sujeito às leis da matéria.

O divino que está encerrado nos laços da matéria, é o princípio imortal que há de ser liberado e desenvolvido de novo para que governe o mortal. Só então, o homem reencontrará sua dignidade primária.

Mas é necessário um meio para sua cura e para eliminar o mal interno. O homem decaído não pode reconhecer por si mesmo este meio, nem se apoderar dele. Não pode reconhece-lo porque perdeu o conhecimento puro, a luz da sabedoria, não pode apoderar-se dele porque este meio está encerrado no mais interior da natureza e não tem nem o poder, nem a força para abrir este interior.

Pois isto necessita da revelação para conhecer este meio e a força para adquiri-lo.

Esta necessidade que tinha o homem de recuperar a salvação, fez com que a sabedoria, ou o Filho de Deus, se desse a reconhecer ao homem como *a substância pura de que tudo foi feito*.

A esta substância pura está reservado vivificar tudo o que está morto e purificar tudo o que é impuro.

Para que isso fosse possível e o mais interior, o divino no homem, que está encerrado na envoltura da mortalidade se abrisse de novo e o mundo inteiro pudesse ser regenerado, era necessário que esta substância divina se humanizasse e transmitisse a força divina e regeneradora ao ser humano; também era necessário que esta forma divina fosse morta, a fim de que a substância divina e incorruptível contida no se sangue, pudesse penetrar no mais interior da terra e operar uma dissolução progressiva da matéria corruptível; assim, chegado seu tempo, o homem reencontra a terra pura e regenerada e a árvore da vida é plantada nela.

Deste modo, pelo gozo do fruto que encerra o princípio imortal, o mortal será aniquilado em nós e o homem será curado pelo fruto da árvore da vida, do mesmo modo como foi envenenado pelo gozo do fruto do princípio mortífero.

Esta é a primeira e a mais importante revelação sobre a qual estão fundadas todas as demais e que foi sempre conservada e transmitida oralmente entre os eleitos e Deus até nossos dias.

A natureza humana necessitava de um redentor. Este redentor é Jesus Cristo, a sabedoria de Deus mesmo, a realidade emanada de Deus mesmo que se revestiu de humanidade para introduzir de novo no mundo a substância divina e imortal que não era outro senão Ele mesmo.

Ofereceu-se voluntariamente para que as forças puras contidas em seu sangue pudessem penetrar, diretamente nas mais íntimas profundidades da natureza terrestre e reintroduzir nela o germe de todas as perfeições.

Ele mesmo, como sumo sacerdote e vítima por sua vez, entrou no Santo dos Santos e depois de cumprir o que era necessário, pôs os fundamentos do sacerdócio real de seus eleitos; pelo conhecimento da sua pessoa e dos seus poderes, sendo os primeiros nascidas do espírito do espírito, ensinou-lhes com deviam conduzir os demais homens, seus irmãos, à felicidade geral. Aqui começam os mistérios sacerdotais dos eleitos da igreja interior.

A verdadeira *ciência real e sacerdotal* é a ciência da regeneração ou da reunião do homem decaído com Deus.

- Chama-se *ciência real* porque conduz o homem ao poder e ao domínio sobe toda a natureza.
- Chama-se *ciência sacerdotal* porque o santifica todo e leva-o à perfeição.

Esta ciência tem sua origem imediata na *revelação de Deus*; foi sempre a ciência da igreja interior dos profetas e dos santos e nunca reconheceu outro sumo sacerdote mais do que a Jesus Cristo, o Senhor. Esta ciência possui o triplo fim de regenerar o homem afastado, logo, um grande número de homens e finalmente toda a humanidade. Sua prática consiste no mais alto aperfeiçoamento de si mesmo e de todos os objetos da natureza.

Só o espírito de Deus mesmo e os que estavam unidos a ele ensinaram esta ciência, que se distingue de todas as demais ciências em que ensina o conhecimento de Deus, da natureza e do homem numa síntese perfeita; além de que, as ciências exteriores não conhecem Deus, nem a natureza, nem o homem e seu destino com exatidão.

Esta ciência ensinou o homem a distinguir a natureza pura e incorruptível da impura e corruptível, assim como os meios para separar esta última e conquistar de novo a primeira.

Em resumo, o conteúdo do seu ensinamento é conhecer a Deus no homem e a expressão divina na natureza, que constitui o selo da humanidade e nos dá os meios para abrir o nosso interior e alcançar a união com o divino.

Assim, esta reunião, esta regeneração, é sua finalidade mais elevada e dela tirou o seu nome o sacerdócio: *religio, clerus regenerans*.

Melquisedec foi o primeiro rei-sacerdote; todos os verdadeiros sacerdotes de Deus e da natureza descem dele; o mesmo Jesus Cristo uniu-se a ele como sacerdote conforme a ordem de Melquisedec.

Esta palavra possui um profundo e grande significado. Melquisedec é o que instrui sobre a verdadeira substância da vida e sua separação da envoltura destrutível que a encerra.

Um sacerdote é um separador da natureza pura da impura, um separador da substância que contém todo da matéria destrutível que ocasiona a dor e a miséria.

O sacrifício ou o que foi separado constitui o pão e o vinho.

O pão significa a substância que contém o todo e o vinho, a substância que tudo vivifica.

Assim, um sacerdote conforme a ordem de Melquisedec é aquele que sabe separar a substância que contém e vivifica tudo da matéria impura e que a sabe empregar como verdadeiro meio de reconciliação e de reunião para a humanidade decaída, a fim de comunicar-lhe a verdadeira dignidade real, ou o poder sobre a natureza e a dignidade sacerdotal ou o poder de unir-se pela graça com os mundos superiores.

Assim, um sacerdote conforme a ordem de Melquisedec é aquele que sabe separar a substância que contém e vivifica toda matéria impura e que sabe emprega-la como verdadeiro meio de reconciliação e de reunião para a humanidade decaída, a fim de comunicar-lhe a verdadeira dignidade real, ou o poder sobre a natureza e a dignidade sacerdotal, ou o poder de unir-se pela graça com os mundos superiores.

Nestas poucas palavras está contido todo o mistério do sacerdócio de Deus, a ocupação que tem por objeto o sacerdote.

Mas esse sacerdócio real só poderia adquirir sua perfeita maturidade, quando Jesus Cristo em pessoa, como sumo sacerdote, tivesse realizado o maior de todos os sacrifícios e entrado no santuário mais interior. Aqui se abrem novos e grandes mistérios dignos de toda sua atenção.

Quando, conforme os decretos eternos da sabedoria e da justiça de Deus, resolveu-se salvar a espécie humana caída, a sabedoria teve de escolher o meio mais eficaz, em todos os aspectos, para a consumação deste grande objetivo.

Quando o homem, pelo gozo de um fruto corruptível que trazia em si mesmo o fermento da morte, foi envenenado até o ponto de que tudo o que haja ao seu redor tornou-se morta e corruptível, necessariamente a misericórdia divina teve que estabelecer um contraveneno que pudesse ser igualmente absorvido e que contivesse a substância que encerra e vivifica tudo, a fim de que, pelo gozo deste alimento imortal, o homem envenenado e sujeito à morte viesse a ser curado e liberado da sua miséria.

Mas, para que esta árvore da vida pudesse ser plantada de novo aqui em baixo, era necessário, antes de tudo, que o princípio material e corruptível que está no centro da terra, fosse regenerado, transformado e feito capaz de ser um dia uma substância que o vivificasse todo.

Esta capacidade para uma nova vida e a dissolução da essência corruptível que se encontrava no centro da Terra, não eram possíveis até que a substância divina da vida estivesse envolta em carne e sangue, para poder transmitir as forças escondidas da vida à natureza morta. Isto se fez pela morte de Jesus Cristo.

A força da tinta que desprendia seu sangue derramado, penetrou no mais íntimo da Terra, ressuscitou os mortos, quebrou as rochas e produziu um eclipse total do Sol, quando, desde o centro da Terra aonde penetrou a luz, expulsou todas as partes tenebrosa ao exterior e assentou a base para a glorificação futura do mundo.

Desde a época da morte de Jesus Cristo, a força divina, instalada até o centro da Terra por seu sangue derramado, trabalha sempre para exteriorizar-se e capacitar gradualmente todas as substâncias para a grande comoção que está reservada ao mundo.

Mas, a regeneração do edifício do mundo em geral não é o único objeto da redenção. O homem era o motivo principal para verter seu sangue e Jesus Cristo se dispôs a padecer sofrimentos infinitos para procurar, já desde este mundo material, a mais alta perfeição possível pelo melhoramento do seu ser.

Ele é o salvador do mundo, Ele é o salvador dos homens. O objeto, a causa da sua encarnação, era resgatar-nos do pecado, da miséria e da morte. Jesus Cristo libertou-nos de todo mal por sua carne, a que sacrificou e por seu sangue, que derramou por nós.

O conhecimento puro e verdadeiro da regeneração efetiva do homem, reside na compreensão clara da carne e do sangue de Jesus Cristo. O mistério supremo da igreja interior é o mistério da união com Jesus Cristo, não só espiritual, mas também corporalmente.

A suprema realização que esperam seus eleitos é chegar a ser Uno com Ele, em espírito e em ser. Os meios para esta posse real de Deus estão ocultos para os sábios mundanos e são revelados à simplicidade das crianças.

Oh! Filosofia orgulhosa, prosterne-se ante os grandes e divinos mistérios inacessíveis a sua sabedoria e impenetráveis com as tênues luzes da razão humana.

Sexta Carta

Deus fez-se homem para divinizar o homem. O Céu se unirá com a terra para transformar a terra em um Céu.

Para que sejam possíveis esta divinização e transformação da terra em Céu, é necessário a mudança ou a conversão do nosso ser.

Esta mudança ou conversão chama-se renascimento.

Nascer significa entrar num mundo em que domina a sensualidade, onde a sabedoria e o amor se languidescem nos laços da individualidade.

Renascer significa voltar a um mundo em que domina o espírito de sabedoria e de amor e onde o homem animal obedece.

O renascimento é triplo:

- Primeiro está o renascimento da nossa razão.
- Em segundo lugar, o renascimento de nosso coração ou de nossa vontade.
- E finalmente, o renascimento do nosso ser.

O primeiro e o segundo renascimento constituem o renascimento espiritual e o terceiro, o renascimento corporal.

Muitos homens piedosos que buscam a Deus foram regenerados em inteligência e vontade, mas, poucos conheceram o renascimento corporal.

Este é dado a poucos homens e só a fim de que possam operar como *agentes* de Deus, conforme seus altos desígnios e para aproximar a humanidade da sua felicidade.

Agora é necessário que lhes mostre, amados irmãos, a ordem verdadeira do renascimento. Deus, que é inteiramente força, sabedoria e amor, opera com ordem e harmonia.

Quem não recebe a vida espiritual, caros irmãos, aquele que nasce de novo do Senhor, não pode entrar no Céu.

O homem é engendrado por seus pais no pecado original, quer dizer, que entra na vida natural e não na espiritual.

A vida espiritual consiste em amar a Deus acima de tudo e ao próximo como a si mesmo. Neste duplo amor consiste em o princípio da Nova Vida.

O homem é engendrado no mal, no amor a si mesmo e no amor ao mundo.

O amor a si mesmo,
O interesse próprio,
O próprio prazer

Estes são os atributos substanciais do mal:

- O bem está no amor a Deus e ao próximo;
- Não conhecer outro amor senão o amor a todos os homens;
- Não conhecer outro interesse senão o interesse de todos os homens;
- Não conhecer outro prazer, outro bem-estar, senão o de todos os homens;
- Nisto se distingue o espírito dos filhos de Deus do espírito dos filhos do mundo.
- Ser regenerado é mudar o espírito do mundo pelo espírito dos filhos de Deus e isto significa despojar-se do homem velho e vestir-se do novo.

Mas ninguém pode renascer se não conhece e aplica os seguintes princípios:

A verdade há de ser o objeto da fé e o bem há de converter-se no objeto da nossa faculdade de fazer ou não fazer.

Assim, aquele que quer renascer, deve primeiro conhecer o que convém para este renascimento.

Deve poder conceber, meditar e refletir sobre tudo isto.

Logo, deve também agir de acordo com o que sabe e sua consequência será uma nova vida.

Agora, como em primeiro lugar é necessário saber e estar instruído sobre tudo o que se refere ao renascimento, necessita-se um doutor ou um instrutor; quando se tem, também se necessita ter fé nele, porque de que serviria um doutor se o discípulo não confiasse nele?

É por isso que o ponto de partida para renascer sempre é a fé na revelação.

Deve-se começar por crer que o Senhor, o Filho, é a sabedoria de Deus, que é deus desde toda eternidade e que veio ao mundo para tornar ditosa a espécie humana.

Crer-se-á que o senhor tem todo poder no Céu e na terra e que todo amor e fé, todo o verdadeiro e o bem, vêm só Dele.

O senhor é o mediador, o salvador e o governador dos homens.

Quando esta fé, a mais elevada, arraigada em nós, pensamos com frequência no Senhor e estes pensamentos dirigidos a Ele desenvolvem, por sua graça que atua em nós, as sete forças espirituais prisioneiras. Veremos a seguir o caminho para esta abertura.

Caminho da Felicidade

Quer você, homem e irmão, adquirir a mais alta felicidade possível?

Busque a verdade, a sabedoria e o amor! Mas não achará a verdade, a sabedoria e o amor senão numa unidade e esta é o Senhor, Jesus Cristo, o ungido da luz. Busque a Jesus Cristo com todas as suas forças e com todo o seu coração.

O começo da sua ascensão é o conhecimento da sua nulidade, deste conhecimento resulta a necessidade de uma força mais elevada; esta necessidade é o germe da fé. A fé da confiança, mas a fé tem também suas etapas.

Em primeiro lugar encontra-se a fé histórica.

Logo, a fé moral.

Depois, a fé divina.

E finalmente, a fé viva.

A progressão é a seguinte:

A fé histórica começa quando sabemos, pela história e a revelação, que existiu um homem chamado Jesus de Nazaré; um homem muito particular que amava extraordinariamente os homens, em que depositou e que levava uma vida extremamente virtuosa; numa palavra, foi um dos homens melhores e de mais moral, que merece toda a nossa atenção e nosso amor.

Por meio desta fé simplesmente histórica na existência de Jesus Cristo, alcança-se a fé moral, cujo desenvolvimento faz com que adquiramos, vejamos e achemos, realmente, prazer em tudo o que ensinava este homem, vemos que sua simples doutrina estava plena de sabedoria e sua escola plena de amor; que tinha retas intenções a respeito da humanidade e que voluntariamente, sofreu a morte pela verdade. Assim é como a fé em sua pessoa sucede a fé em suas palavras e por esta se desenvolve a fé em sua em sua divindade.

Este mesmo Jesus Cristo, cuja pessoa nos é tão querida, que nos é tão venerável por sua vida e por sua doutrina, este mesmo Jesus Cristo nos diz agora que Ele é o Filho de Deus e com isto corrobora, fazendo milagres: cura enfermos, ressuscita mortos, ele mesmo ressuscita da morte e depois da sua ressurreição, fica quarenta dias com seus discípulos para instruí-los nos mistérios mais elevados da natureza e da religião.

Aqui a fé natural e razoável em Jesus Cristo converte-se em fé divina.

Começamos a crer que era Deus feito homem.

Por esta fé, temos por verdadeiro tudo o que, todavia, não compreendemos e que Ele nos ordena crer.

Por esta fé na divindade de Jesus, por este total abandono Nele e a fiel observância de suas leis, nasce, finalmente, a fé viva, graças à qual verificamos por experiência interior, tudo o que até este momento só havíamos acreditado com uma confiança de crianças.

Esta fé viva é a mais elevada de todas.

Quando nosso coração, pela fé viva, recebeu Jesus Cristo, então esta luz do mundo nasce em nosso coração como num pobre estábulo.

Em nós, tudo é impuro, invadido pelas teias da vaidade e coberto pelo barro da sensualidade.

Nossa vontade é o boi que está sob o jugo das paixões.

Nossa razão é o asno atado obstinação de suas opiniões, aos seus pré-julgamentos e a suas necessidades.

Nesta cabana miserável e ruinosa onde habitam as paixões animais, Jesus Cristo nasce em nós pela fé.

A simplicidade de nossa alma é o estado dos pastores que lhe levam as primeiras oferendas, até que, finalmente, as três forças principais da nossa dignidade real: nossa razão, nossa vontade e nossa atividade se prostram ante Ele e lhe oferecem os dons da verdade, da sabedoria e do amor.

Pouco a pouco o estábulo do nosso coração transforma-se num templo exterior onde Jesus Cristo ensina, mas esse templo ainda está cheio de escribas e fariseus. Nele se encontram os vendedores de pombas e os cambistas, que devem ser expulsos para que o templo se converta em casa de oração.

Pouco a pouco, Jesus Cristo escolhe todas as forças boas de nosso ser para que o anunciem: cura nossa cegueira, purifica nossa lepra, ressuscita o que em nós estava morto.

Em nós, é crucificado, morre e ressuscita como vencedor glorioso.

A partir desse momento, sua pessoa vive em nós e nos instrui sobre os mistérios mais sublimes, até que, finalmente, chama-nos à regeneração completa e sobe ao Céu para enviar-nos o espírito da verdade.

Antes que o Espírito opere plenamente em nós, experimentamos as seguintes transformações: em primeiro lugar, liberam-se as sete potências de nosso entendimento, depois as sete potências de nosso coração ou de nossa vontade.

Esta exaltação realiza-se do seguinte modo: O entendimento humano divide-se em sete potências:

- A primeira é a de contemplar os objetos que estão fora do nosso: *intuitus*.
- Pela segunda, percebemos os objetos contemplados: *apperceptio*.
- Pela terceira, reflete-se o que se percebeu: *reflexio*.
- A quarta é a de considerar em sua diversidade os objetos percebidos: *fantasia, imaginatio*.
- A quinta é a de decidir-se sobre alguma coisa: *judicium*.
- A sexta, ordena as coisas de acordo com suas relações: *ratio*.
- A sétima, finalmente, realiza a compreensão sintética das coisas ordenadas: *intelectos*.

Esta última contém, por assim dizer, a suma de todas as demais potências.

Do mesmo modo, a vontade do homem divide-se em sete potências que, em seu conjunto, formam a vontade do homem ou são, dizendo de outro modo, suas partes substanciais.

1. A primeira é a capacidade de desejar coisas exteriores a si mesmo: *desiderium*.
2. A segunda é a capacidade de poder apropriar-se das coisas desejadas: *appetitus*.
3. A terceira é o poder de dar-lhes uma forma, de fazê-las reais ou de satisfazer sua concupiscência: *concupiscentia*.
4. A quarta é o poder para aceitar em si mesmo a inclinações sem decidir-se por nenhuma, ou o estado de paixão: *passio*.

5. A quinta é o poder para decidir-se em prol ou em contra algo, a liberdade: *libertas*.
6. A sexta é o poder de eleição ou a resolução realmente adotada: *electio*.
7. A sétima é o poder de dar existência ao objeto eleito: *voluntas*.

A sétima potência contém e é a soma de todas as demais.

Agora, as sete potências do entendimento, assim como as sete potências do nosso coração ou da vontade, podem ser particularmente enobrecidas e exaltadas se tomarmos Jesus Cristo, a sabedoria de Deus, por princípio de nossa razão e sua vida, que é toda amor, como motor da nossa vontade:

Nosso entendimento forma-se de acordo ao de Jesus Cristo:

1. Quando o temos em conta para tudo, quando Ele forma o critério de nossas ações: *intuitius*.
2. Quando percebemos em todas suas ações, seus sentimentos e seu espírito: *apperceptio*.
3. Quando e todos os nossos pensamentos refletimos sobre seus preceitos; quando sempre pensamos como Ele houvesse pensado: *reflexio*.
4. Quando atuamos de tal modo que seus sentimentos, seus pensamentos e sua sabedoria são o único objeto de nossa força imaginativa: *fantasia*.
5. Quando rechaçamos todo pensamento que não concorde com o seu e escolhemos o pensamento que poderia ser o seu: *judicium*.

6. Quando, finalmente, ordenamos todo o edifício das ideias de nosso espírito conforme suas ideias e seu espírito: *ratio*. Assim é como;

7. Nascerá em nós uma nova luz, mais elevada, que superará em muito da razão dos sentidos: *intelectus*.

Assim mesmo nosso coração reforma-se quando, no todo:

1. Só a Ele tendemos: *desiderare*.
2. Só a Ele queremos: *appetere*.
3. Só a Ele condicionamos: *concupiscere*.
4. Só a Ele amamos: *amare*.
5. Só escolhemos o que Ele é e fugimos de tudo quanto Ele não é: *eligere*.
6. Só vivemos em harmonia com Ele, com seus mandamentos, suas instituições e suas ordens: *subordinare*. Com o que, finalmente:
7. Nasce uma união completa de nossa vontade com a sua, pela qual somos, nele e com Ele, um só sentido e um só coração; de tal modo que o *homem novo* se manifesta pouco a pouco em nós, unindo-se a sabedoria divina e o amor divino para engendrar esse novo homem espiritual, em cujo coração a fé se converte em visão real.

Todos os tesouros das duas Índias, comparados com esta fé viva, não são mais do que barro.

Esta posse atual de Deus ou de Jesus Cristo em nós é o centro para o qual convergem todos os mistérios, como os raios de um círculo.

O reino de Deus é um reino de verdade, de moralidade e de felicidade.

Opera nos indivíduos desde o mais desde o mais interior ao mais exterior deles mesmos e deve estender-se progressivamente, por meio do espírito de Jesus Cristo, sobre todas as nações, para instaura em toda parte uma ordem de que se beneficiarão tanto indivíduo como a espécie inteira; graças a ele, a natureza humana poderá alcançar sua mais alta perfeição e nele, a humanidade enferma encontrará o remédio para todos os seus males.

Assim, o amor e o espírito de Deus um dia vivificarão todo o gênero humano, despertarão e fornecerão as forças de nossa natureza e as orientarão conforme os desígnios da sabedoria, fazendo que reine a harmonia entre elas.

A paz, a fidelidade, a concórdia no lar, o amor dos superiores pelos inferiores, a obediência destes aos seus superiores e o amor recíproco das nações, serão os primeiros frutos deste espírito.

A inspiração do bem sem quimeras, a exaltação de nossa alma sem demasiada tensão e a cálida solicitude do coração sem impaciência turbulenta, voltarão a aproximar, reconciliar e unir os humanos, tanto tempo separados e divididos, tanto tempo enfrentados uns contra os outros por causa dos prejuízos e dos erros.

Então, no grande templo da natureza, grandes e pequenos, pobres e ricos, cantarão as glórias do Pai do amor.

O Céu sobre a Terra ou Jesus Cristo no coração do homem.

O mundo só será feliz quando nele possuir Jesus Cristo.

Então a felicidade reinará sobre a Terra e a paz e a prosperidade nos pertencerão.

Que é Jesus Cristo? É o amor, a sabedoria e o poder, Ele é o manancial das inclinações puras que conduzem à iluminação interior! Ali, onde Ele está, encontra-se a dignidade do homem, a beatitude do coração purificado; Ele só carrega o peso que nos tem submersos, profundamente, na miséria.

As penas e os sofrimentos desaparecem ali onde seu espírito reina no coração; com Ele, os dias são dias de primavera e as horas deliciosas.

Os príncipes que reinam graças a Ele não têm igual; só o amor é seu reino. Façamos um esboço da bênção que nos chegara quando a humanidade inteira, unida pelo amor, resida em seu templo: os príncipes serão os pais de seu povo; os sacerdotes serão seus médicos e só a Ele, o grande salvador dos homens, deveremos tal felicidade.

Todos os que se refugiam ou se odiavam, o judeu e o gentio, o poderoso e o miserável, todos os que agora se acham em discórdia viverão em mútua harmonia.

Preparam-se os remédios prevendo a convalescência do enfermo e uma ternura fraternal vela pelo pobre.

Alimenta-se o faminto, o desgraçado encontra apoio e o estrangeiro, hospitalidade.

A viúva já não chora, nem o órfão permanece desconsolado; todos tem o necessário, porque o Senhor cuida de todos.

O espírito e a verdade estão no templo; o coração e a boca celebram o serviço do altar e o zelo sagrado da divindade garante a dignidade do sacerdote.

A sabedoria é a joia suprema dos diademas terrestres; o amor reina no santuário e faz do mundo um paraíso.

Não há mais imolações de irmãos sobre sangrentos cadafalsos; somos galhos de uma mesma árvore e cada um é necessário aos demais.

Os cirurgiões, que agora cortam arbitrariamente os membros, conservarão sabiamente os corpos como se tratasse do seu próprio.

Ah! Que vejo? Esta alegria jamais a havia sentido meu coração!

O cristão e o judeu, o maometano e o pagão caminham juntos de mãos dadas!

O lobo e o cordeiro estão juntos no prado; a criança brinca com a víbora; as naturezas inimigas são reconciliadas pelo amor.

E você, peregrino, em busca do descanso, siga alguns passos mais pelo caminho, então poderá virar-se!

Pouco a pouco, já cai o véu do santuário interior!

Olhe como o morcego e a coruja fogem ante o sol nascente; como o erro, a noite e os prejuízos descem de novo à morada das sombras!

A nova terra começa, um novo século aproxima-se; o espírito de Jesus Cristo disse: *Seja*! E assim é de imediato.

Está aqui, dir-se-ia que se pode ver.

Mas não, deve permanecer invisível até que caia o véu.

Só então, nenhuma revolução ameaçará jamais a Terra; Ele, o desejado das nações, o Senhor, está próximo.

Ainda que o espírito das trevas puxasse milhares de homens a degolar-se entre si, acabaria fugindo, porque a vitória foi prometida ao amor.

Deus serve-se de armas estranhas quando seu povo o esquece totalmente; o pecado, fonte dos males, converte-se no castigo do pecado! Se, contudo, uma só lágrima cai dos olhos do pecador, a cena de dor muda, porque seu pai está próximo!

Um só governa e conduz tudo conforme os desígnios de sua sabedoria.

Alguns dos que combatem por Ele, eles mesmos o ignoram com frequência.

Muitos homens só conheceram o que se percebe com o olhar dos sentidos.

Quanto se assombrará o mundo quando o véu for erguido!

Então, filósofos orgulhosos, os afastarão, confusos com aquele a quem os sábios esperam e que é sua luz e sua beatitude.

A razão, a que divinizam, não é mais do que a simples luz dos sentidos; aquele que sobe pela escadaria de Babel não pode alcançar a verdade. Sua obra será aniquilada por Aquele que esparze a areia a mercê do vento; todo erro deverá eclipsar-se ante a majestade da fé!